UNTERWEGS MIT DEINEN

Lieblingsmenschen

KÖLN

CLAUDIA WELKISCH

emons:

Bibliografische Information der Deutschen Nationalbibliothek
Die Deutsche Nationalbibliothek verzeichnet diese Publikation
in der Deutschen Nationalbibliografie; detaillierte bibliografische
Daten sind im Internet über http://dnb.d-nb.de abrufbar.

© 2020 Emons Verlag GmbH

© Fotos: S. 13; 14; 17; 53; 54; 63; 65; 66; 101; 105; 117; 121; 123; 211; 213; 214; 225: Jörg Schmitter, S. 18; 29; 31;
37; 39; 44; 69; 73; 83; 99; 124; 131; 153; 179; 181; 199; 205; 231; 237: istock.com/ Bondariev; marcduf; TMRoberts;
LightFieldStudios; frederikloewer; BraunS; stevecoleimages; Maica; mareciok; M_a_y_a; jotily; DonNichols;
gpointstudio; NickyLloyd; Jelena990; krblokhin; Patrick Daxenbichler; donald_gruener, S. 19; 45; 74; 107; 182; 193:
shutterstock/Piotr Wawrzyniuk; OlegDoroshin; nito; Gozzoli; Shvaygert Ekaterina; juefraphoto, S. 21/22:
Christopher Pattberg, S. 25: Thomas Schiffmann, S. 26/27: Towerevent Kletterturm Brühl, S. 32: Maren Pussak/
Das Bergische, S. 34/35: Philipp Buron, S. 41 Melanie Moser, S. 43: Stefan Kolpatzik, S. 46/47: Sebastian Reinwald/
BlueMarlin GmbH & Co. KG , S. 49: Janmiela Akhardid, S. 50: Mike Schwinger , S. 57: Finkens Garten, S. 59/60:
Hans-Georg Renner, S. 70/71: Luisa Zanzani, S. 76/77: Christopher Albert / Hot Rod Fun Köln, S. 79:
Kölner Seilbahn GmbH, S. 85/86: www.kultauto.de, S. 89: Goodluz – stock.adobe.com, S. 91/92: HEAVENUE
COLOGNE, S. 95/96: Martin Brock-Konzen , S. 103: Reset Center / Sepiadark, S. 108: DJH Rheinland e.V. , S. 111:
Gut Clarenhof, S. 115: Andreas Dieck, S. 129: Brasserie Schloß Paffendorf, S. 133/134: Geza Aschoff /
Aschoffotografie, S. 137: DeSoto / Volker Nothdurft, S. 139/140: Steffen Hoeft, S. 143: entstanden bei Selfiewerke.
de, S. 145/146: Stefan Rahmann, S.148/149: Nadine von Bracht, S. 150/151: Nosintu Esthetics, S. 156/157:
Katja Kempe, S. 159: Simon Fricke, S. 161: Ursula Tücks, S. 163/164 Violetta Schindler, S. 167: Patricia Parinejad,
S. 168: Steve Herud, S. 170/171: Mare Atlantico Delikatessen GmbH, S. 173: Ingo Noack / Der SPATZ, S. 175:
Surk-ki Schrade, S. 185: Dominik Ketz, S. 187/188: Peter Susewind, 190/191: LOUIS – The Breakfast Club,
S. 195/196: Octavia plus Klaus, S. 201: Leonie Schlüter/ Royal Cupcakes, S. 202/203: Raoul Döring, S. 207/208:
Jan Niklas Berg, S. 216/217 Constantin Gold, S. 219: Günther Bauer/Reinhard Künstler/Patrick Siemen/Philip
Jordan, S. 221: Laurence Voumard, S. 223: RheinEnergie AG, S. 226: Kulturklüngel, S. 228/229: Wallraf-Richartz-
Museum, S. 233: Rene Achenbach, S. 234: Tanita Torres/ streetsofcgn, S. 235: facebook.com/stapel.bar,
S. 239: BAY GmbH

Gestaltungskonzept und Satz: Heike Kluge, Herdecke
Illustration: Heike Kluge, Herdecke
Umschlaggestaltung: Heike Kluge, Herdecke
Druck und Bindung: Grafisches Centrum Cuno, Calbe
Printed in Germany 2020
ISBN 978-3-7408-0960-7

Unser Newsletter informiert Sie regelmäßig über Neues von emons:
Kostenlos bestellen unter www.emons-verlag.de

VORWORT

Ein Buch über Köln zu schreiben, ist ziemlich schwierig, aber eigentlich doch ganz einfach. Ziemlich schwierig deshalb, weil über die Stadt schon mindestens genauso viele Bücher wie Lieder geschrieben wurden. Und eigentlich doch ganz einfach, weil es in der Metropole am Rhein immer wieder Neues, Unerwartetes und Ungewöhnliches zu entdecken gibt.

Und genau danach habe ich mich auf die Suche begeben. Dabei herausgekommen ist ein Buch, das genauso überraschend ist wie Köln selbst, wenn man es abseits der altbekannten Touristenpfade entdeckt – mit offenen Augen und offenem Herzen.

In »Köln. Unterwegs mit deinen Lieblingsmenschen« nehme ich euch mit auf eine ebenso kreative wie kulturelle und kulinarische Reise durch die Stadt, die sehr viel mehr zu bieten hat als Kirche, Kölsch und Karneval. Nämlich Menschen, die hier ihren Traum verwirklicht haben, Orte, die sich perfekt für eine unvergessliche Zeit zu zweit anbieten, und kleine Abenteuer im Alltag, auf die man sich unbedingt einmal einlassen sollte.

Dieses Buch ist sowohl für die Menschen, die schon seit vielen Jahren in einem der Veedel zu Hause sind, als auch für Imis wie mich, die ihr Herz erst vor Kurzem an Köln verloren haben. Aber auch für diejenigen, die nur auf der Durchreise sind, aber garantiert wiederkommen werden.

Für sie alle ist dieses Buch – und für ihre Lieblingsmenschen, denn zu zweit macht es gleich doppelt so viel Spaß, Neues zu entdecken und auszuprobieren. Und spätestens wenn man alle im Buch vorgestellten Orte einmal besucht hat, weiß man: Köln ist vielleicht nicht die schönste Stadt der Welt, die liebenswerteste ist sie aber auf jeden Fall. Und nur darauf kommt es an.

Ich wünsche viel Spaß beim Lesen und beim Erleben ganz besonderer Lieblingsmenschen-Momente.

AN KÖLN

GEFIEL MIR SCHON IMMER

EINFACH ALLES.

(WILLY MILLOWITSCH,

THEATERSCHAUSPIELER AUS KÖLN)

Hallo Lieblingsmensch,

ich blättere gerade durch das Buch »Köln. Unterwegs mit

deinen Lieblingsmenschen« und möchte gern Seite _____

mit dir teilen.

Es geht um _____.

Hast du Lust?

Dann lass uns am _____ dort treffen.

Voller Vorfreude

_____

GEMEINSAM AKTIV SEIN

ARM IN ARM DIE STADT ERKUNDEN

MITEINANDER ENTSPANNEN

ZUSAMMEN KREATIV WERDEN

KÖSTLICHKEITEN TEILEN

SEITE AN SEITE KULTUR ERLEBEN

MIT DEM LIEBLINGSMENSCHEN

Gemeinsam
aktiv sein

DURCHS GRÜNE RADELN
NATURSCHUTZGEBIET WEISSER BOGEN

ÖPNV: Haltestelle Weiß Friedhof
von dort den Schildern Richtung »Fähre« folgen
Zugang über die Straße Am Treidelweg, hier gibt es auch Parkmöglichkeiten

Wer Grün mag, wird Weiß lieben. Denn in dem kleinen Stadtteil im Kölner Süden grünt es so grün wie an kaum einem anderen Ort in der Domstadt – was kaum verwunderlich ist, denn der Name »Weiß« leitet sich vom althochdeutschen »Wyß« ab, was so viel wie »Wiese« bedeutet. Und davon gibt es auch heute noch mehr als genug in Weiß – vor allem im Naturschutzgebiet Weißer Bogen, das sich zwischen dem lebhaften Rodenkirchen und dem idyllischen Weiß am Rhein erstreckt. Schattige Wälder laden zu ausgedehnten Radtouren und Spaziergängen ein, auf den saftig grünen Wiesen grasen Pferde und Kühe, und immer wieder führen kleine Pfade zu einsamen, versteckten Buchten am Rheinstrand. Der ist hier zwar nicht so feinsandig wie an der benachbarten Rodenkirchener Riviera, dafür entdeckt man in Weiß auch an heißen Sommerwochenenden immer ein ruhiges Plätzchen zum Picknicken, Schiffegucken und Zeitgenießen mit dem Lieblingsmenschen.

Wer sich nach ein wenig Urlaubsfeeling im Alltag sehnt, findet dieses rund 30 Radminuten von der Innenstadt entfernt – immer am Rhein entlang in Richtung Süden, also entgegen der Fließrichtung. Nach etwa zehn Kilometern, kurz nachdem man die Rodenkirchener Restaurantschiffe hinter sich gelassen hat, erreicht man das ausgedehnte Waldgebiet, in dem man entspannt einen ganzen Sonntagnachmittag verbringen kann. Vom Weißer Rheinpfad mit seinen weiten Wiesen und Feldern führen mehrere Treppen in den höher gelegenen Ort, in dem gerade einmal rund 6.000 Menschen leben. Der historische Dorfkern verzaubert seine Besucher mit ganz viel Ursprünglichkeit und

noch mehr Gemütlichkeit. Er ist geprägt von engen Gassen, kleinen Fachwerkhäuschen, alten Höfen und dem immer präsenten Blick auf den Rhein. Hier findet man – falls der Picknickkorb schneller leer sein sollte als gedacht – eine Handvoll netter Restaurants und Cafés.

In Weiß geht alles etwas langsamer und entspannter zu als im Rest von Köln – der perfekte Ort also, um die Seele baumeln zu lassen und viel Ruhe und Natur zu genießen. Nur leises Vogelgezwitscher, das gleichmäßige Tuckern der vorbeifahrenden Schiffe und ab und an ein lautes »Muh« begleiten hier die Gespräche mit dem Lieblingsmenschen.

Eine schöne Alternativroute für den Rückweg aus dem Kurzurlaub führt über das rechtsrheinische Porz-Zündorf. Dorthin gelangt man mit einer wahren Institution – der Fähre »Krokodil«. Seit Jahren pendelt sie von Anfang März bis Ende Oktober zwischen Weiß und Zündorf und bringt Fußgänger und Radfahrer in wenigen Minuten auf die andere Rheinseite. Dort angekommen erwartet einen mit der Freizeitinsel Groov das Kontrastprogramm zum beschaulichen Weiß: Sandstrände, an denen sich im Sommer die Sonnenhungrigen fast stapeln, ein Minigolfplatz und ein Tretbootverleih sowie mehrere Eiscafés, Brauhäuser und Restaurants in hübschen Fachwerkhäusern, die sich um einen belebten Marktplatz gruppieren. Auch von hier ist es nur ein Katzensprung zurück in die City – immer am Rhein entlang, an den Poller Wiesen vorbei, über die historische Deutzer Drehbrücke und schließlich über die Hohenzollernbrücke zurück ins Linksrheinische.

KULTIGER KUH-UMZUG: ALMABTRIEB IN WEISS

Wer bei der Radtour nach Weiß Gefallen am Landleben gefunden hat, sollte unbedingt im Herbst noch einmal wiederkommen. Denn Mitte Oktober ziehen die Kühe, die Bauer Bernd Lorbach auf Weiden am Rhein hält, in ihr Winterquartier auf dem Hof. Und zwar mit richtig viel Tamtam: Die Kühe selbst sind mit Glocken und Blumen geschmückt, die Reiterinnen und Reiter, die sie auf ihrem Weg begleiten, tragen Dirndl und Lederhosen. Dazu gibt's einen Traktor-Corso und beim abendlichen Hoffest zünftige bayrische Musik. An diesem Tag ist das ganze Dorf auf den Beinen und feiert nicht nur den mittlerweile Kult gewordenen Almabtrieb, sondern auch ein bisschen sich selbst. Und natürlich das idyllische Veedel am Rhein, in dem die Welt noch in Ordnung ist und man jede Kuh beim Namen kennt.

Almabtrieb-Termine und Infos unter
www.hof-lorbach.de

TIPP

ZWISCHEN HOCHHÄUSERN JOGGEN
RHEINAUHAFEN

ÖPNV: Haltestelle Schokoladenmuseum

Wer sich bei der Laufrunde mit dem Lieblingsmenschen nach etwas weniger Trubel als am Aachener Weiher und etwas mehr urbaner Atmosphäre als im Stadtwald sehnt, der ist im Rheinauhafen genau richtig. Hier wartet eine der coolsten Laufrunden der ganzen Stadt – und zwar im wahrsten Sinne des Wortes. Denn in den Häuserschluchten des hippen Hafens weht auch an warmen Tagen immer ein kühles Lüftchen, und die Schatten der Hochhäuser sind groß genug für einen langen Sommernachmittag. Außerdem ist die fünf Kilometer lange Strecke zwischen Schokoladenmuseum und Südbrücke gut beleuchtet, sodass auch einer Feierabendrunde nichts im Wege steht. Diese kann ganz nach Belieben und Kondition jederzeit abgekürzt oder in Richtung Rodenkirchen verlängert werden. Egal wie lang die persönliche Laufstrecke ist: Dank besten Blicks auf Dom, Rhein und Skyline wird auch dem größten Laufmuffel nicht langweilig.

Die Joggingrunde gehört zu den abwechslungsreichsten Kölns: die futuristischen Kranhäuser, historische Lagergebäude und alte Kräne, dazwischen Restaurants sowie zahlreiche Treppen und Bänke, die man ins Training einbeziehen oder für eine kurze Pause mit dem Lieblingsmenschen nutzen kann. Apropos Pause: Wer nach dem Laufen noch ein wenig die besondere Rheinauhafen-Atmosphäre genießen und die verbrannten Kalorien auffüllen will, kann dies im Restaurant bona'me tun, das für seine leckeren türkischen Gerichte und seine süßen Dessertträume bekannt ist. Die hat man sich nach der Hafenrunde mehr als verdient.

DIE NATUR
VOM WASSER AUS ERLEBEN
KAJAK-TOUR AUF DER ERFT

Tourenbuchung und Kajakverleih über
www.sportundspass.de

Gemeinsam in einem Boot sitzen – wer möchte das nicht mit seinem Lieblingsmenschen? Und wenn man sich dabei auch noch sportlich betätigen und die unberührte Natur genießen kann – dann befindet man sich wahrscheinlich auf einer wildromantischen Kajak-Tour entlang der Erft. Die beginnt etwa 35 Kilometer westlich von Köln in Bergheim und endet im kleinen Städtchen Bedburg. Damit man dieses einmalige Erlebnis auch mit weniger sportlichen oder den kleinen Lieblingsmenschen teilen kann, werden unterschiedlich lange geführte Routen angeboten. Auf Wunsch können ein Frühstück, ein Barbecue oder eine Übernachtung im Biwak-Zelt mitgebucht werden. Egal, welche Tour man wählt, nach dem Einsteigen ins Zweier-Kajak geht es zunächst um eins: Harmonie mit dem Paddel-Partner – denn ansonsten kommt man auf der Erft keinen Meter voran. Hat man den Dreh raus, kann man die beruhigende Wirkung der leise plätschernden Erft und die unglaublich grüne Landschaft genießen. Die Tour führt vorbei am verwunschenen Park von Schloss Paffendorf, durch weite Wiesen und schattige Wälder, in denen viele Tiere, darunter sogar Eisvögel, leben.

Und kurz vor dem Ziel ist dann plötzlich Schluss mit Entspannung: Das Kajak muss um ein Wehr getragen werden, natürlich ebenfalls in bester Teamarbeit – denn nur so geht es, beim Paddeln und im Leben. Eine Erkenntnis, die bleibt – zusammen mit vielen schönen Erinnerungen an einen unvergesslichen Tag mit dem Lieblingsmenschen. Und eventuell auch einem leichten Muskelkater.

BEIM PARKOUR AUSPOWERN
STUNTWERK

Schanzenstraße 6–20, 51063 Köln
www.stuntwerk.de
ÖPNV: Haltestelle Keupstraße

Das Stuntwerk in Köln-Mülheim ist die Adresse für einen außergewöhnlichen Tag mit dem sportlichsten der Lieblingsmenschen. Wem
»nur« Klettern zu langweilig ist, der ist hier genau richtig. Denn das
Stuntwerk ist sehr viel mehr als eine Boulderhalle. Es ist der perfekte
Ort, um mit dem Fußballkumpel auszutesten, ob er an der Kletterwand
eine ebenso gute Figur wie auf dem Rasen macht, oder um mit der
besten Freundin die Kuchenkalorien vom letzten Wochenende abzu-
trainieren. Und auch kleine Lieblingsmenschen ab vier Jahren fühlen
sich hier wohl: Unter Aufsicht der Eltern können sie in einem eigenen
Dschungel-Bereich erste Erfahrungen sammeln und spielerisch han-
geln, klettern und trainieren. Große Fans von Fun- und Actionsport-
arten (und die, die es noch werden wollen) toben sich in der modernen,
lichtdurchfluteten Halle aus.

Das einmalige Konzept des Stuntwerks vereint auf 2.000 Quadratmetern Bouldern, Parkour, Functional Fitness und Ninja Warrior. Vor
allem Letzteres macht nicht nur fit, sondern auch richtig Spaß – und
zwar ganz egal ob man Anfänger oder ambitionierter Fortgeschritte-
ner ist, jung oder alt. Erfahrene Trainer weisen die zukünftigen Ninja
Warriors in diese besondere Sportart ein – eine Mischung aus Bouldern, Parkour und Functional Fitness. Zur Verfügung steht dafür ein
ebenso kreativer wie fordernder Rundkurs aus verschiedenen Hindernissen, abwechslungsreichen Hangel- und Balancemöglichkeiten,
einem Trampolin und einem ganz besonderen Power-Labyrinth. Wer
dabei auf den Geschmack kommt, kann verschiedene Fortgeschritte-
nenkurse besuchen und sich sogar für ein Casting der RTL-Sendung

Ninja Germany bewerben, denn die finden regelmäßig im Stuntwerk statt. Etwas weniger herausfordernd ist der große Kletterbereich. Mehrere Strecken mit verschiedenen Schwierigkeitsgraden führen bis in

4,50 Meter Höhe – und zwar ohne Absicherung durch ein Seil, denn das ist das Besondere am Bouldern, einer Variante des Kletterns, die sich in sicherer Absprunghöhe abspielt. Dicke Matten sorgen dabei für mehr Mut beim Klettern und weniger blaue Flecken bei einem möglichen Absturz. Damit es am besten erst gar nicht so weit kommt, werden diverse Kurse für Boulder-Anfänger und Fortgeschrittene angeboten. Zudem gibt es die Möglichkeit, sich mit dem sportlichen Lieblingsmenschen im Parkour zu messen. Ziel dieser Streetsportart ist es, sich möglichst schnell und kreativ über verschiedene Hindernisse zu bewegen – sei es springend, sich schwingend oder kletternd. In Schnupperkursen erfahren bereits die kleinsten Parkourfans alles über das richtige Landen und Abrollen und darüber, wie viel Spaß es macht, sich mal so richtig auszupowern.

Die Energiereserven lassen sich anschließend im Stuntwerk-Restaurant mit Blick auf die Halle schnell wieder auffüllen. Und da nach der Arbeit (und dem Sport) ja bekanntermaßen immer das Vergnügen kommt, darf man sich hier auch ganz entspannt ein paar neue Kuchenkalorien mit der Freundin oder ein leckeres Kölsch mit dem Fußballkumpel gönnen. Und dabei natürlich direkt einen neuen Termin für einen sportlichen Stuntwerk-Tag ausmachen.

LUST AUF NOCH MEHR KLETTER-ACTION?

➤➤ Hohenzollernbrücke
etwa 60 Kletterrouten; von März bis Oktober
kostenlose Nutzung
Infos und Anmeldung: www.dav-koeln.de

➤➤ Mülheimer Brücke
Klettermöglichkeiten am zweiten Pfeiler auf der
Riehler Seite
mehrere senkrechte Routen
verschiedene Schwierigkeitsgrade

➤➤ Kaimauer in Niehl
30 Kletterrouten auf der alten Fährrampe
Erreichbarkeit der Routen abhängig vom Rheinpegel
unterschiedliche Schwierigkeitsgrade

➤➤ Fort I im Friedenspark
geneigte Kletterwände an der Ost- und Westseite des Parks
rund 30 verschiedene Routen
Schwierigkeitsgrade V bis IX

TIPP

EISHOCKEY
IM DUNKELN SPIELEN
KUNSTEIS-ARENA SLIDE COLOGNE

Bergisch Gladbacher Straße 1007 a, 51069 Köln
www.slide-cologne.de
ÖPNV: Haltestelle Köln-Dellbrück

Lust auf Sport mit den Lieblingskumpeln? Wer mal etwas anderes als Fußball spielen will, sollte einen Abstecher nach Dellbrück machen. Dort wartet mit der Kunsteis-Arena Slide Cologne ein wahres Paradies für Fans des schnellsten Mannschaftssports der Welt: Eishockey. Klingt nach einem coolen Männerausflug? Ist es auch, allerdings nicht im wortwörtlichen Sinn. Denn gespielt wird nicht auf richtigem Eis, sondern auf Kunsteis. Und das sorgt dafür, dass die Füße warm bleiben und die Hose trocken, falls es beim Kampf um den Puck mal etwas wilder zugeht und die Spieler Bekanntschaft mit dem Eis machen.

Das Spielfeld ist 300 Quadratmeter groß und leuchtet ebenso wie das Equipment im Schwarzlicht. In fast völliger Dunkelheit kann man sich richtig auspowern, das Adrenalin und den eigenen Körper spüren. Schnelle Schläge, voller Körpereinsatz und dazu das Gefühl, mit den besten Freunden etwas nie Dagewesenes zu erleben. Das Beste: Die Halle kann komplett gemietet werden, sodass man bei diesem besonderen Eiserlebnis unter sich ist. Zudem erlaubt es die Kunsteisfläche auch Anfängern, sich schnell über ein Erfolgserlebnis zu freuen und bei der Jagd auf den Puck so richtig Gas zu geben. Das Equipment kann ebenso wie die Schlittschuhe mitgebracht oder vor Ort ausgeliehen werden. Wer mag, bucht einen Trainer dazu und schaut sich ein paar Tricks ab – für noch mehr Spaß beim Eishockey-Event, das trotz Kunsteis ziemlich cool ist.

HAND IN HAND
NERVENKITZEL ERLEBEN
HOUSERUNNING-PAARLAUF IN BRÜHL

Kurfürstenstraße 58–60, 50321 Brühl
Buchbar über
www.kletterturm-bruehl.de

Ein besonderer Adrenalin-Kick? Eine einzigartige Mutprobe? Oder ist es einfach nur eine völlig verrückte Idee, Hand in Hand mit dem Lieblingsmenschen eine Hauswand hinunterzulaufen? Eines ist es auf jeden Fall: unvergesslich. Unvergesslich das Gefühl, oben zu stehen, in die Tiefe zu blicken und nicht zu wissen, wie man seine Angst überwinden soll. Und unvergesslich, wenn man zusammen den ersten Schritt ins Leere wagt, die Hand des anderen fest umklammert, der eigene Herzschlag so laut, dass man glaubt, man könne ihn bis unten hören. 50 Meter gilt es zu überwinden, die man nebeneinander die Wand eines ehemaligen Getreidespeichers hinunterläuft. Unterhalb der Dachkante beginnt – gut gesichert und nach ausführlicher Einweisung – ein abenteuerlicher Spaziergang, der jede Menge Mut erfordert und mindestens genauso viel Nervenkitzel verspricht. Denn beim Hinablaufen berührt man nur mit den Füßen die Wand, der Rest des Körpers liegt waagerecht zum Boden in der Luft.

Wie bei so vielem im Leben ist auch hier der erste Schritt der schwerste. Hat man diesen erst einmal geschafft, will man am liebsten stundenlang weiterlaufen und gemeinsam mit dem Lieblingsmenschen dieses unglaubliche Gefühl genießen – und die traumhafte Aussicht bis zum Dom natürlich. Hat man dann schließlich wieder festen Boden unter den Füßen, heißt es zuerst einmal: ganz fest den Houserunning-Partner umarmen und sich zusammen der überwältigenden Mischung aus Freude, Stolz und Adrenalin hingeben. Mehr Glücksgefühl geht nicht.

GEMEINSAM ZIRKUSLUFT SCHNUPPERN
KÖLNER SPIELECIRCUS

Am Wassermann 5, 50829 Köln
www.spielecircus.de
ÖPNV: Haltestelle Wasseramselweg

Wer hat als Kind nicht davon geträumt, mit einem Zirkus um die Welt zu reisen, hoch in der Luft auf einem Seil zu tanzen, Feuer zu spucken oder als Clown die Menschen zum Lachen zu bringen? Beim Kölner Spielecircus e. V. in Vogelsang wird dieser Traum Wirklichkeit – und das nicht nur für die kleinen Zirkusfans, sondern auch für die großen. In speziellen Eltern-Kind-Workshops vermitteln geschulte Zirkuspädagogen alles, was es braucht, um in der Manege beim Publikum zu punkten. Zusammen mit dem Mini-Lieblingsmenschen können ein ganzes Wochenende lang Zirkusluft geschnuppert und Kunststücke einstudiert werden – das macht Spaß und schweißt zusammen. Denn was gibt es Schöneres, als gemeinsam mit einem geliebten Menschen etwas Neues zu lernen, besondere Erfahrungen zu sammeln und auch einmal Niederlagen zu verkraften, wenn etwa das Einradfahren nicht auf Anhieb gelingen mag – Hauptsache, bei der jährlichen großen Abschlusspräsentation aller Workshop-Teilnehmer klappt dann alles. Bis dahin hat man genug Zeit, unter professioneller Anleitung in die Welt von Artistik, Akrobatik und Clownerie abzutauchen.

Ob menschliche Pyramiden bauen, auf einem Nagelbrett liegen, jonglieren oder über Feuerfackeln springen: Die Kurse sind ebenso vielfältig wie unterhaltsam und garantieren eine unvergessliche Zweisamzeit. Und selbst wenn der letzte Applaus bei der Abschlussshow längst verklungen ist – Gelerntes und Erlebtes bleiben für immer.

EINE FAMILIENWANDERUNG UNTERNEHMEN
BAUERNHOFWEG IN LOHMAR

Infos zur Tour und detaillierter Streckenverlauf unter
www.bergisches-wanderland

Unweit der Kölner Stadtgrenzen wartet ein besonderes Wandererlebnis auf gestresste Großstädter, die sich nach ganz viel Natur und mindestens ebenso viel Entschleunigung sehnen – der Lohmarer Bauernhofweg. Dieser ist so abwechslungsreich und überraschend, dass auch die größten Wandermuffel Spaß haben. Daher: Rucksack packen, Wanderschuhe an und ab ins Bergische Land, das zum Glück nicht ganz so bergig ist, wie es sein Name vermuten lässt. Der Bauernhofweg hingegen hält, was er verspricht: Er ist idyllisch, ländlich und wunderschön. Auf einer Länge von knapp 13 Kilometern führt er vorbei an Höfen, Weiden mit grasenden Kühen, Ziegen, Schafen und sogar Lamas. Dazu gibt es Infotafeln – präsentiert von der berühmten Maus aus der gleichnamigen Fernsehsendung – rund um das Leben und Arbeiten auf dem Land sowie zu heimischem Obst und Gemüse. Möchte man dieses direkt vor Ort probieren, hat man dazu entlang der Strecke in mehreren Restaurants und Hofcafés die Möglichkeit. Hübsche, kleine Hofläden laden außerdem dazu ein, sich bergische Kartoffeln, Kirschen und Co. mit nach Hause zu nehmen.

Los geht es am Bahnhof Lohmar-Honrath, den man von Köln aus in etwa 30 Minuten bequem mit der Regionalbahn erreicht. Von hier aus folgt man den roten Hinweisschildern mit der weißen 18 durch weite Wiesen und schattige Wälder, an einem Bachlauf entlang und hinauf auf kleine Höhen. Vor den großen und kleinen Wanderern liegen 12,6 abwechslungsreiche und spannende Kilometer – klingt viel, ist aber dank jeder Menge Pausenmöglichkeiten, die voller Überra-

schungen stecken, auch für Mini-Wanderer gut machbar. Langeweile ist hier Fehlanzeige, denn zu entdecken gibt es unter anderem ein Kraftwerk im Stall, bei dem man erfahren kann, wie aus Gülle Strom gemacht wird. Außerdem führt der Weg vorbei an einer alten Mühle mit frei laufenden Pfauen und historischen Kutschen, in der noch

immer Brot gebacken wird und die zum Bogenschießen, zum Ponyreiten oder zu einer Fahrt mit dem Planwagen einlädt. Weitere Highlights des Bauernhofweges sind das pittoreske Dörfchen Muchensiefen mit seinen alten bergischen Fachwerkhäusern und die Burg Sülz, in der sich ein hübscher Antiquitätenladen befindet. Ein paar Kilometer weiter kommt man am Romantikhotel Schloss Auel vorbei. Hier kann man nicht nur hervorragend essen oder ein paar Golfbälle schlagen, sondern auch übernachten – falls die kleinen (oder großen) Füße tatsächlich keinen Meter mehr laufen können.

Dann allerdings würde man den Krewelshof in Lohmar verpassen. Der ist wahlweise zu Fuß vom Bauernhofweg aus zu erreichen – was allerdings ein paar zusätliche Kilometer bedeutet – oder aber mit dem Auto. Diese Variante hat den Vorteil, dass die kleinen Lieblingsmenschen ihre letzten verbleibenden Kräfte für die Erkundung des großen Erlebnisbauernhofs, seiner Scheune und des Maislabyrinths aufsparen. Währenddessen können »die Großen« nach Herzenslust im Hofladen regionale Produkte und Spezialitäten einkaufen. Oder sie lassen es sich beim Kaffeeklatsch im Bauernhofcafé gut gehen und freuen sich über die zurückgelegte Strecke, die zwar für kleine Wanderer lang, aber nicht langweilig war.

HOFLÄDEN RUND UM KÖLN

➤➤ Stadt Land Gemüse
Was? Mitten in Ehrenfeld: Obst und Gemüse, aber auch
Eier, Honig, Käse und Wein, alles biologisch angebaut
Wo? Senefelderstraße 3, 50825 Köln,
www.stadtlandgemuese.de

➤➤ Heinenhof
Was? Gängige Hofladenprodukte sowie Öle aus der
hofeigenen Ölmanufaktur und Biere aus der eigenen
Brauerei
Wo? Orrer Weg, 50259 Pulheim, www.heinenhof.de

➤➤ Beller Hof
Was? Hervorragender Spargel, aber auch hausgemachte
Marmeladen, Sirupe, Säfte und Proseccos
Wo? Horbeller Straße 48, 50858 Köln, www.beller-hof.de

➤➤ Gertrudenhof
Was? Breites Sortiment, außerdem Streichelzoo, Spiel-
plätze und Strohscheune zum Toben
Wo? Lortzingstraße 160, 50354 Hürth,
www.erlebnisbauernhof-gertrudenhof.de

➤➤ Kölner Biobauer
Was? Obst und Gemüse direkt vor Ort angebaut sowie
über 4.000 Bioprodukte
Wo? Poll-Vingster-Straße 215, 51105 Köln,
www.koelner-bio-bauer.de

TIPP

ZUSAMMEN DURCH DEN MATSCH ROBBEN

SCHAUINSLAND MUDDY ANGEL RUN

Infos und Anmeldung unter
https://de.muddyangelrun.com

Mit der besten Freundin kann man nur shoppen, quatschen und Kaffee trinken? Falsch. Man kann auch ganz wunderbar mit ihr durch Dreck, Schlamm und Matsch robben – und zwar beim jährlichen »schau-insland Muddy Angel Run« im Jugend-park. Bei dem fünf Kilometer langen Hindernislauf können sich weibliche Matsch-Fans mal so richtig schön dre-ckig machen und einen unvergesslichen Tag mit vielen netten Mädels verbringen. Dabei ist es völlig egal, wie alt oder wie fit man ist, denn bei Deutschlands größ-ter Laufveranstaltung für Frauen stehen nicht Bestzeiten, sondern Spaß und gute Stimmung im Vordergrund. Der Par-cours besteht nicht nur aus Matsch, son-dern auch aus Wasser und haufenweise fluffigem Schaum – perfekt zum Hinein-werfen und kurz darin Verschnaufen. Zwischen den 15 abwechslungsreichen Hindernissen kann gelaufen, gewalkt oder gejoggt werden. Insgesamt gehen rund 250 bis 300 Teilnehmerinnen an den Start, die sich gruppenweise jeweils 20 Minuten versetzt auf den Schlamm-

Parcours begeben. So wird garantiert, dass es auf der Strecke direkt am Rhein nicht zu voll wird und man den Dreck in vollen Zügen und von Kopf bis Fuß genießen kann.

Hinterher wird erst mal ausgiebig geduscht und anschließend gefeiert: Nicht nur, dass man gemeinsam mit seiner besten Freundin den Parcours bezwungen hat, sondern auch, dass das Ganze zudem noch einem guten Zweck diente. Denn von jedem Ticket und jedem verkauften Fanartikel geht 1 Euro an Brustkrebs Deutschland e. V. – zusätzlich darf natürlich noch fleißig gespendet werden.

EIN ELTERN-KIND-WOCHENENDE IN DER WILDNIS ERLEBEN
NATURCAMP BRÜHL

Infos und Anmeldung unter
www.naturcamp-bruehl.de

Fernab vom Alltag und von lästigen Haushalts- oder Hausaufgaben können große und noch nicht ganz so große Männer ab sechs Jahren zusammen ein perfektes Wochenende verbringen. Mit dabei: ganz viel Abenteuer, Lagerfeuerromantik und unvergessliche Momente. Denn die Location für dieses Männer-Wochenende liegt nicht irgendwo, sondern im Nirgendwo – mitten im Wald bei Brühl. Alles, was man braucht, sind wetterfeste Schuhe und Kleidung, ein Schlafsack und ein paar weitere Outdoor-Utensilien – und natürlich den einen Lieblingsmenschen, mit dem man dieses Abenteuer erleben und nie mehr vergessen möchte. Ob Sohn, Neffe oder Enkel oder ob sich ein Mutter-Tochter-Gespann in die Wildnis wagt, spielt dabei übrigens keine Rolle.

Mitmachen kann beim Naturcamp Brühl jeder, der Lust darauf hat, 24 Stunden in und mit der Natur zu leben. Dass die einiges an Überraschungen bereithält, merkt man direkt bei der Ankunft im Camp, wenn es heißt: »Material im Wald suchen und die Unterkunft für die Nacht bauen.« Dabei ist Teamwork ebenso angesagt wie beim Herstellen einer Anlage zur Wasseraufbereitung und beim Entfachen des Lagerfeuers, an dem nach getaner Arbeit Marshmallows und Stockbrot gegrillt werden. Doch zuvor gibt's noch einiges zu tun: Pfeil und Bogen schnitzen und damit das Schießen üben, einen Seilsteg zum Überwinden von Schluchten bauen, in der Nacht den Geräuschen des Waldes lauschen und dabei die Sinne schärfen – und natürlich ganz viel wertvolle Gemeinsamzeit mit dem Lieblingsmenschen verbringen.

DRACHEN STEIGEN LASSEN MIT DOMBLICK
POLLER WIESEN

Alfred-Schütte-Allee, 50679 Köln
ÖPNV: Haltestelle Raiffeisenstraße

Um einen Drachen steigen zu lassen, muss man nicht am Wochenende ins benachbarte Holland fahren. Auch in Köln gibt es einige Plätze, an denen der Wind im Herbst kräftig genug weht. Der schönste Ort, um Drachen fliegen zu lassen, sind die Poller Wiesen am östlichen Rheinufer. Dort schaut man zwar nicht auf die Nordsee, dafür auf den Rhein, den Dom und den Rheinauhafen mit seinen auffälligen Kranhäusern. Bei gutem Wind sieht man hier unzählige kleine Drachen und große Kites sowie jeden ersten Sonntag im Monat auch die Experten von Pattevugel, einem Spezialgeschäft für alles, was fliegt. Ab 13 Uhr haben Anfänger die Möglichkeit, neue Modelle zu testen und sich ein paar Tricks von den Profis abzuschauen.

Denn Drachensteigenlassen ist nicht so leicht, wie es auf den ersten Blick aussieht. Man braucht den richtigen Drachen, eine gute Technik und vor allem den perfekten Wind. Der sollte am besten aus Norden oder Süden, also aus Richtung Innenstadt oder Rodenkirchen kommen – dann macht das Steigenlassen am meisten Spaß und wird zu einem emotionalen Erlebnis und einer Reise zurück in die Kindheit. Der Wind pustet den Kopf frei, die frische Herbstluft sorgt für gute Laune und rosige Wangen. Und je sicherer man wird, je besser man weiß, wie man den Drachen lenken muss, desto waghalsiger werden die Manöver. Bis man das Fluggerät schließlich sicher landen lässt, sich zusammen mit dem Lieblingsmenschen ins Gras setzt und noch ein wenig die Brise und die Aussicht auf den Rhein genießt.

YOGA MIT DEN KLEINSTEN ERLEBEN
FAMILIENKURSE VON MELANIE MOSER

Infos und Anmeldung zu den Familienyoga-Kursen unter
www.melmoser.de

»Entspannung mit Kind« klingt ungewöhnlich, »Yoga mit Kind« schon fast unmöglich. Denn wie soll man den kleinen Energiebündeln beibringen, 90 Minuten mucksmäuschenstill zu sein und ruhig sitzen oder liegen zu bleiben? Braucht man gar nicht! Zumindest nicht, wenn man mit den Mini-Lieblingsmenschen die Familienyoga-Kurse von Melanie Moser besucht. Die ist nicht nur ausgebildete Kinderyoga-Lehrerin und Sozialpädagogin, sondern auch dreifache Mutter. Wenn also jemand weiß, wie man Kinder und Entspannung unter einen Hut bekommt, dann sie.

Ihre Wochenendkurse finden regelmäßig in Vogelsang, Bocklemünd und Longerich statt und sind geeignet für Kinder ab drei Jahren, die zusammen mit Mama, Papa oder anderen Lieblingsmenschen in die Welt des Yoga abtauchen wollen. Zu erleben, wie sein schüchternes Kind plötzlich zum brüllenden Löwen wird oder wie der kleine Zappelphilipp hochkonzentriert im Schneidersitz verharrt, ist für alle eine völlig neue, bereichernde Erfahrung. Zusammen mit Melanie Moser, die genau weiß, wie sie Kinder für ihre Yoga-Leidenschaft begeistern kann, werden verschiedene Konzentrationsübungen sowie kindgerechte Asanas und Entspannungsrituale ausprobiert, die sich bestens in den oft hektischen Familienalltag integrieren lassen.

Am Ende gibt's für die Kleinen Tee mit der Kursleiterin im Nebenraum, für die Großen eine Ruherunde und für alle die Erkenntnis, dass »Yoga mit Kind« zwar vielleicht unmöglich klingt, aber eigentlich nur eines ist: unglaublich schön.

LONGBOARDEN BEIM PROFI LERNEN
LONGBOARDSCHULE KÖLN

Infos und Anmeldung zu den Kursen unter
www.longboardschule-koeln.de

Coole Großstädter cruisen jetzt mit Longboards durch die City, denn Skateboard war gestern. Zumindest gefühlt. In Wirklichkeit ist das Longboard ein Vorgänger des Skateboards – und somit eigentlich noch mehr »von gestern«. Aber das interessiert die coolen Großstädter nur am Rande. Viel wichtiger ist das Fahrgefühl, und das ist bei der XXL-Brettversion völlig anders als beim herkömmlichen Skateboard.

Testen lässt sich dies in der Longboardschule Köln. Deren Gründer Sebastian Vorhölter stand bereits als Kind auf dem Board und hat es sich zur Aufgabe gemacht, Wackelkandidaten in sichere Longboarder zu verwandeln, und zwar ganz egal, wie alt diese sind. Daher sind seine Kurse tatsächlich für jeden geeignet: ob alt oder jung, sportlich oder eher nicht, mit oder ohne Vorerfahrung. Bei Sebastian Vorhölter lernt man das Longboarden von Grund auf – angefangen bei der richtigen Fußhaltung und dem perfekten Push (Schwungholen) über das Kurvenfahren bis zum Bremsen. Getreu dem Motto des Coaches: »Wenn deine Schuhsohle beim Bremsen qualmt, dann hast du alles richtig gemacht.« Und wenn das nicht auf Anhieb klappt: Helme werden ebenso wie Boards kostenlos zur Verfügung gestellt. Die Kurse werden auch als Einzelunterricht angeboten – falls man bei seinen ersten Skateversuchen keine Zuschauer haben möchte. Außer den Lieblingsmenschen natürlich.

Nach erfolgreich absolviertem Kurs ist man zwar vielleicht noch kein cooler Großstädter, aber dafür bereit für eine entspannte Longboardtour zu zweit durch Köln.

POLE DANCE AUSPROBIEREN

SPORTSTUDIO SWEATNDANCE

Infos zu den Kursen und den Standorten der Kölner Studios unter
www.sweatndance.com

Schwitzen und dabei Spaß haben geht nur in der Sauna oder im Urlaub auf den Malediven? Falsch. Das geht auch in Lindenthal, Sülz und in zwei weiteren Kölner Veedeln. Nämlich überall, wo das Sportstudio SweatnDance eine seiner fünf Filialen hat. Dort wird Spaß genauso großgeschrieben wie Schwitzen. Und wie Fitness natürlich. Denn genau darum dreht sich alles. Allerdings nicht wie in anderen Studios in Form von Gerätetraining oder Bauch-Beine-Po-Kursen, sondern in Form von Pole Dance. Wer dabei jetzt an einschlägige Clubs denkt, irrt gewaltig, denn Pole Dance ist ein ebenso anspruchsvolles wie anstrengendes Ganzkörpertraining. Perfekt für Freundinnen, die mal etwas völlig Neues ausprobieren und nebenbei lästige Kuchenkalorien verbrennen möchten.

In verschiedenen Kursen werden Grundlagen und Techniken des Pole Dance vermittelt sowie verschiedene akrobatische Figuren, Drehungen und Overturns, also Kopfüberfiguren, trainiert.

Wer das zum ersten Mal ausprobiert, wird nicht nur jeden einzelnen Muskel spüren, sondern auch merken, dass der Stangensport nicht halb so einfach ist, wie er bei den Profis aussieht.

Neben Fitness und Koordination wird beim Pole Dance auch das Selbstbewusstsein gefördert – ein schöner Nebeneffekt zu jeder Menge verbrannter Kalorien und mindestens ebenso viel Spaß. Und der muss nach dem Kurs noch nicht zu Ende sein, denn im Studio in Sülz gibt es einen Wellnessbereich mit Sauna, Kosmetikanwendungen und Massagen. Und die hat man sich nun wirklich mehr als verdient.

GEMEINSAM ABTAUCHEN
TAUCHSTATION BLUEMARLIN AM FÜHLINGER SEE

c/o Blackfoot Beach, Stallagsbergweg 1, 50769 Köln
ÖPNV: Haltestelle Köln-Seeberg
Infos zu den Kursen und Buchung unter www.bluemarlin-koeln.de

Einfach mal abtauchen und die Welt oben vergessen. Das geht nicht nur im Urlaub am Meer, sondern auch in der Großstadt, zum Beispiel im Fühlinger See. Der Baggersee bietet mit einer Wassertiefe von bis zu 18 Metern und Sichtverhältnissen von bis zu 15 Metern ideale Tauchbedingungen. Vor allem im Sommer beeindruckt das Tauchrevier mit einer einzigartigen Unterwasserwelt, üppigem Pflanzenbewuchs und

unzähligen Fischarten. Um mit diesen Bekanntschaft zu machen, braucht man allerdings einen Tauchschein. Den gibt's am Blackfoot Beach bei der Tauchschule BlueMarlin nach erfolgreichem Abschluss eines Einsteigerkurses. Neben den Grundregeln des Sporttauchens lernt man dabei zum Beispiel auch, dass der Lieblingsmensch beim Tauchgang »Buddy« genannt wird und wie man sich unter Wasser per Handzeichen mit ihm verständigt. Bevor es so weit ist und man unter professioneller Anleitung die ersten Flossenschläge in der Tiefe des Sees macht, werden der Druckausgleich und der Umgang mit der Ausrüstung geübt. Und dann geht's endlich ins Wasser. Zunächst einmal zwar nur in den Flachwasserbereich, aber jeder Tiefseetaucher hat schließlich mal klein, beziehungsweise flach, angefangen. Taucht man das erste Mal richtig ab, ist man sofort in einer anderen Welt, in der man am liebsten für immer bleiben möchte. Ein Blick zum Buddy zeigt: Ihm geht es genauso. Jetzt einfach die Hände falten, was in der Tauchersprache das Zeichen für Händchenhalten ist, nach Aalen und Zandern Ausschau halten und glücklich sein.

EINEN SWING-TANZKURS BESUCHEN

TANZSTUDIO HOP SPOT

Venloer Straße 420–422, 50825 Köln
www.hopspot.eu
ÖPNV: Haltestelle Leyendeckerstraße oder Haltestelle Ehrenfeldgürtel

Dienstagabend, ein Tanzstudio mitten in Ehrenfeld. Ein großer Raum mit einer riesigen Spiegelwand und halbhohen Tapeten, die wie der Rest des Studios im entspannten Südsee-Style gehalten sind. Leises Stimmengewirr mischt sich mit der erwartungsvollen Atmosphäre, denn gleich geht es los, gleich wird getanzt – aber nicht irgendeinen Tanz, sondern Lindy Hop, den Tanz, der angeblich glücklich macht. Und dass das wirklich so ist, verraten die Augen der Kursteilnehmer, die mit dem polierten Holzfußboden um die Wette glänzen. Die meisten von ihnen wissen bereits, was sie erwartet – dass schon die ersten Takte der mitreißenden Swing-Musik direkt in die Beine gehen und Glückshormone aktivieren. Und sie wissen, dass auch diejenigen, die heute für eine erste, kostenfreie Probestunde dabei sind, kaum ihre Füße werden stillhalten können.

Genauso ging es den New Yorkern am Ende der 1920er Jahre, die in den großen Ballsälen ihrer Stadt die Anfänge des Lindy Hop, einer Abwandlung des Swing, miterlebten. Der Paartanz drückte das damalige Lebensgefühl perfekt aus: Aufbruch, Hoffnung, Lebensfreude und der Wunsch nach einem friedlichen Zusammenleben aller Hautfarben und Nationen. Auch heute noch zeichnet sich der Tanz dadurch aus, dass er den Tänzerinnen und Tänzern viel Raum und Freiheit für einen eigenen Stil und für Improvisationen lässt – ganz im Sinne des ursprünglichen Gedankens. Alles, was nötig ist, um den Lindy Hop nicht nur zu tanzen, sondern zu leben und zu fühlen, sind ein paar

recht einfache Grundschritte. Und die kann man im Kölner Tanzstudio Hop Spot mit seinem Lieblingsmenschen in verschiedenen Kursen, Workshops oder Privatstunden lernen.

Eröffnet haben das Studio 2011 Esther und Bernd Chrischilles. Sie haben den Lindy Hop, den sie ein paar Jahre zuvor in der Schweiz kennengelernt hatten, mit nach Köln gebracht und in der Stadt salonfähig gemacht. Nun vermitteln sie Anfängern und Fortgeschrittenen

mit viel Leidenschaft »ihren« glücklich machenden Tanz, der sogar die größten Bewegungsmuffel von den Stühlen reißt. Und auch absolute Tanzlaien müssen keine Berührungsängste haben, denn falsch machen kann man laut den beiden Lindy-Hop-Profis nichts. Vielmehr stehen die gute Laune sowie die Freude an der Musik und der Bewegung im Vordergrund und nicht, auswendig gelernte Schrittkombinationen und Figuren aufs Parkett zu legen. Wer einen Kurs im Hop Spot besucht, wird schnell merken, dass dieser so gar nichts mit dem oftmals strengen Tanzschulcharakter gemein hat, sondern die Teilnehmer dazu ermutigt, ihre eigene Kreativität zu nutzen und einfach Spaß zu haben. All das verbindet einen auf besondere Weise mit dem Lieblingtanzpartner und nimmt die Kursteilnehmer mit auf eine musikalische und im wahrsten Sinne des Wortes bewegende Zeitreise ins New York der 1920er Jahre.

So verlässt man die Probestunde mit einem fröhlichen Ohrwurm, jeder Menge Glücksgefühlen und mindestens genauso viel Vorfreude auf die nächste Lindy-Hop-Session im swingenden Südsee-Studio in Ehrenfeld.

MIT DEM LIEBLINGSMENSCHEN

*Arm in Arm
die Stadt erkunden*

EINE HAFENRUNDFAHRT MACHEN

KÖLNER RHEINHÄFEN

Infos und Tickets unter
www.ms-rheincargo.de

Wer an Köln denkt, denkt an Karneval, an den Dom und wahrscheinlich auch an den Rhein. Und der ist sehr viel mehr als »nur« Lieblingsausflugsziel gestresster Großstädter. Nämlich die wichtigste Binnenwasserstraße Europas, auf der jedes Jahr Millionen von Gütertonnen transportiert werden. Ein Teil davon wird auch in Köln umgeschlagen, daher verfügt die Domstadt über ein reges Hafenleben, das zwar natürlich mit dem in Hamburg oder Rotterdam nicht mithalten kann, aber trotzdem ziemlich spannend und selbst für Kölner ziemlich unbekannt ist.

Auf einer Rundfahrt durch die zum Teil noch in Betrieb befindlichen Kölner Häfen bekommt man einen kleinen Eindruck vom Hafenleben und kann sich an Deck den Wind um die Nase wehen lassen, dem Geschrei der Möwen lauschen und sich ganz dem Fernweh hingeben. Zwischen Kränen und Containerschiffen fühlt man sich dem nächsten Urlaub so nah wie wahrscheinlich nirgendwo sonst in Köln – erst recht, wenn einen der Lieblingsmensch beim Ganz-weit-weg-Träumen tatkräftig unterstützt. Drei Stunden lang hat man dafür Zeit, wenn man die große Hafenrundfahrt beim Familienunternehmen Personenschifffahrt M. Schmitz bucht. Sie startet am Anleger 10 auf Höhe des Musical Domes und nimmt die Passagiere mit auf eine kleine Zeitreise – von der Historie bis zum Hightech-Hafen. Kaffee und Kuchen gibt's natürlich auch, dazu jede Menge Infos zu den wichtigsten Kölner Häfen – ein kleiner Urlaub mitten im Alltag und wirklich ein einmaliges Erlebnis, das man so in Köln nicht unbedingt vermutet.

Zunächst geht es rheinaufwärts vorbei an Altstadt, Fischmarkt (ja, auch den gibt's nicht nur in Hamburg) und dem Stapelhaus, das bis Anfang des 19. Jahrhunderts Güterumschlagplatz war, bevor 1813 zwischen dem Ebertplatz und der Bastei der mittlerweile versandete und zugeschüttete Napoleonhafen eröffnet wurde. Die Tour führt weiter durch den Rheinauhafen, an dessen einstige Funktion heute nur noch die unter Denkmalschutz stehenden alten Kräne erinnern. Wer noch aktive Kräne sehen möchte, muss sich ein wenig gedulden, bis das Schiff nach dem Deutzer und dem leicht verwunschen wirkenden Mülheimer Hafen schließlich den Niehler Hafen erreicht – den heimlichen Star der Hafenrundfahrt.

Hier wird auch heute noch fast rund um die Uhr gearbeitet, verladen und transportiert. Mit knapp 1,3 Millionen Quadratkilometern ist er zudem der größte der Kölner Häfen. Bunte Übersee-Container

stapeln sich wie Bauklötze, Hightech-Kräne surren, und kleine Schlepper lotsen riesige Containerschiffe durch das Gewimmel. Manchmal ist hier so viel los, dass es zu einem Stau im Hafenbecken kommt – weshalb die »Große Hafenrundfahrt« auch schon mal noch größer beziehungsweise länger werden kann. Aber wen stört das schon, wenn es so viel zu entdecken gibt, wenn der Fahrtwind angenehm warm ist, die Rheinwellen in der Sonne glitzern und man sich mit dem Lieblingsmenschen ganz weit wegträumt. Möglich ist die Tour zwischen Ende März und Ende Oktober – wobei eine herbstliche Schifffahrt durchaus ihren Reiz hat, wenn man eng aneinandergekuschelt Wellen, Wind und das schöne Gefühl genießt, seine eigene Stadt einmal wie ein Tourist zu entdecken.

LUST AUF NOCH MEHR HAFENFEELING?

Fisch essen und vom Meer träumen … Kölle, ahoi!

➤➤ **Scampino:** Scampi, Schwertfisch und Co. werden in der Schauküche zubereitet und an blanken Holztischen oder auf der großen Terrasse serviert. (Deutz-Mülheimer Straße 199, 51063 Köln), www.scampino.de
➤➤ **Bier-Esel:** Kölns ältestes Muschelhaus bereitet die Meeresspezialität seit 1912 in vielen leckeren Variationen zu. (Breite Straße 114, 50667 Köln) www.bier-esel.com
➤➤ **Gosch:** Zwar nicht Sylt oder Timmendorfer Strand, die beliebten Fischgerichte gibt's aber trotzdem – zum Mitnehmen oder Vor-Ort-Essen. (Trankgasse 11, Hauptbahnhof, 50668 Köln) www.gosch.de/standorte/koeln-hbf
➤➤ **Fischmarkt:** Mitten in der Altstadt mit Live-Küche, einer großen Cocktail-Auswahl und natürlich vielen frischen Fischspezialitäten. (Am Bollwerk 21, 50667 Köln) www.fischmarkt.restaurant
➤➤ **Inci:** Fisch mal anders. Hier gibt's eine riesige Auswahl an mediterran-orientalischen Fisch- und Meeresfrüchtespezialitäten. (Wichheimer Straße 2–4, 51067 Köln)

TIPP

DUFTE PFLANZEN ENTDECKEN
FINKENS GARTEN

Friedrich-Ebert-Straße 49, 50996 Köln
www.finkensgarten.org
ÖPNV: Haltestelle Rodenkirchen

Finkens Garten ist das ideale Ausflugsziel für kleine (und große) Gummi-
bärchen-Fans. Die kann man hier zwar nicht essen, dafür aber riechen –
und das macht mindestens genauso viel Spaß.

Der fünf Hektar große Naturerlebnisgarten in Rodenkirchen ist
nicht nur eine grüne Oase mitten in der Stadt, sondern auch ein Paradies für Entdecker. So kann zum Beispiel im Nasengarten von Mitte
Mai bis Ende Oktober nach Herzenslust geschnuppert werden. Rund
40 verschiedene Pflanzen gilt es mit der Nase zu entdecken – und das
ist nicht immer so ein Vergnügen wie im Fall der Gummibärchen-
Blume, deren gelbe Blüten den unwiderstehlich süßen Geruch verströ-
men. Denn bei einem Rundgang durch Finkens Garten gibt es auch
jede Menge Stinkpflanzen zu entdecken, die ihrem Namen alle Ehre
machen. Zum Beispiel eine wilde Strohblume, an der ein Schild mit der
Aufschrift »Ziegenbock« prangt – warum, wird sofort klar, wenn man
sich der Blume mit der Nase nähert. Ein großes Vergnügen für kleine
Schnüffler, die sich immer der Nase nach durch den Garten treiben
lassen und dabei ständig Pflanzen finden, die noch besser riechen als
die davor: Von Lakritz über Vanille bis hin zu Mohnbrötchen, Kaugummi und Badesalz ist alles dabei.

Die meisten Pflanzen muss man vorsichtig zwischen Daumen und Zei-
gefinger reiben, damit sie ihr volles Duftaroma entfalten – und dann heißt es:
Wer hat das bessere Näschen? Der große oder der kleine Lieblingsmensch?
Der Verlierer muss dann eine Extrarunde zur Ziegenbock-Pflanze drehen.

HENNES
Ziegenbock

EINE LIEBESTOUR MACHEN
STADTFÜHRUNG DURCH KÖLN FÜR VERLIEBTE

Infos zu den Touren unter
www.koelnfuerverliebte.de

Hans-Georg Renner ist der wahrscheinlich größte Romantiker Kölns. Er weiß nicht nur alles über die Liebe, sondern träumt auch von einem eigenen Liebesmuseum in der Domstadt. Bis aus diesem Traum Wirklichkeit geworden ist, beschäftigt er sich damit, seine Stadt noch ein wenig liebenswerter zu machen. So hat er vor einigen Jahren einen Liebesgedichteweg im John-Lennon-Park initiiert und war Mitorganisator eines Flashmobs auf der Domplatte, bei dem Hunderte Kreideherzen als Zeichen von Liebe und Solidarität gemalt wurden. Mit seinem Stadtplan für Verliebte hat er außerdem die perfekte Grundlage für eine romantische Tour durch Köln geschaffen. Der Stadtplan ist zudem ein kölscher Superlativ: Es ist der erste und einzige Stadtplan weltweit, der zu berühmten, aber auch wenig bekannten Liebesorten führt. Diese 24 historischen und aktuellen Orte können auf eigene Faust mit der alten Liebe oder dem neuen Partner entdeckt werden – beispielsweise als Überraschung am Kennenlern- oder Hochzeitstag. Der Stadtplan hilft nicht nur dabei, sich nicht zu verlaufen, sondern liefert zu jedem Ort auch die passende Liebesgeschichte oder ein Gedicht.

Oder aber man schließt sich einer der unterhaltsamen Führungen vom Erlebnispädagogen und Liebesexperten Hans-Georg Renner an, der diese für Gruppen, aber auch für einzelne Paare anbietet. Los geht die etwa 90-minütige Tour d'Amour, die zu acht der 24 Liebesorte auf dem Stadtplan führt, auf dem Heumarkt. Dort steht das Reiterdenkmal von Friedrich Wilhelm III., an dessen Kopfseite sich die beiden »Kölner Amazonen« befinden. Der Legende nach erfüllt das Berühren der rechten Amazone Nachwuchswünsche – ist also der perfekte Ort für zwei Menschen, aus denen eine Familie werden soll. Die Tour endet

nach rund 1.111 kölschen Metern bei einer Linde, die auf einem kleinen Friedhof hinter dem Dom steht. Viele Kölner halten sie für einen Kraftort für die Liebe, da Linden mit ihren herzförmigen Blättern seit jeher als Bäume der Verliebten gelten. Auf der Tour gibt es unter anderem auch den ältesten Liebesort Kölns zu entdecken, die Schmitzsäule. An ihrem heutigen Platz befand sich zur Römerzeit eine romantische Rheininsel, auf der sich die römischen Legionäre mit jungen Ubier-Mädchen trafen. Ein ganz aktueller Liebesort, den es mit dem Lieblingsmenschen an der Hand und dem Stadtplan in selbiger zu entdecken gibt, ist der Fastnachtsbrunnen. Dieser steht direkt vor dem Standesamt und zeigt passenderweise viele verliebte Paare als Bronzeskulpturen. Aber das ist noch nicht alles. Denn seit einigen Jahren fungiert der Brunnen auch als Treffpunkt für all diejenigen, die ihren Karnevalsflirt im Getümmel aus den Augen verloren haben. An den sechs Samstagen nach Karneval ist der Fastnachtsbrunnen ab 11.11 Uhr Treffpunkt für alle verliebten Jecken – die dort hoffentlich ihren zukünftigen Lieblingsmenschen wiedertreffen. Und wer weiß – vielleicht machen sie dann ja schon bald gemeinsam eine romantische Tour mit Hans-Georg Renner durch Köln, auf der sie erfahren, welche Liebesrituale dieser weltweit aufgespürt hat, um einige davon möglicherweise selbst zu testen. Auf dass aus dem kleinen Karnevalsflirt die ganz große Liebe werde.

SECHS BESONDERE FÜHRUNGEN DURCH KÖLN

➤➤ **Weihnachtsführung**
Stimmungsvolle Tour im Advent, auf den Spuren weih-
nachtlicher Bräuche und Legenden
www.ff-stadtfuehrungen.koeln

➤➤ **Krimitour**
Kölns dunkle Seite: Kriminalfälle vom Mittelalter
bis heute. Angeboten werden auch Führungen zum
Mitraten.
www.koeln-erlebnistouren.de

➤➤ **Karnevalstour**
Unterhaltsam und typisch kölsch: Woher stammen
die rheinischen Karnevalsbräuche und welche sind die
wichtigsten Traditionen?
www.ff-stadtfuehrungen.koeln

➤➤ **Bahnhofsführung**
Wissenswertes und Kurioses rund um den Hauptbahnhof,
ein spannender Blick hinter die Kulissen
www.ff-stadtfuehrungen.koeln

➤➤ **Nachtwächterführung**
Nächtlicher Rundgang im Schein der Fackel, bei dem
man so manch einer düsteren Gestalt begegnet
www.ae-event.de

➤➤ **Führungen für Kinder**
Ob Heinzelmännchen oder Römer, Sagen- oder gruseli-
ge Geisterführung – Köln kindgerecht entdecken
www.colonia-prima.de

TIPP

SICH ZU EINEM ROMANTI-SCHEN DATE VERABREDEN

ROSENGARTEN IM FORT X

Zwischen Neusser Wall, Lent- und Innerer Kanalstraße, 50668 Köln
ÖPNV: Haltestelle Ebertplatz

Der sehr bunte und ebenso romantische Rosengarten im Fort X eignet sich bestens für ein erstes Date mit einem potenziellen neuen Lieblingsmenschen. Er liegt in unmittelbarer Nähe zur mehrspurigen, nicht gerade für ihre Schönheit bekannten Inneren Kanalstraße – und gerade diese Tatsache macht ihn noch ein wenig idyllischer.

Inmitten des lauten Großstadtdschungels finden ruhesuchende Romantiker hier ihr Paradies: Rosen, so weit das Auge reicht, dazu perfekt getrimmte Hecken, symmetrische Beete und lauschige Sitzecken, in denen sich ganz in Ruhe träumen und Händchen halten lässt. Besonders reizvoll ist der Kontrast des verspielt wirkenden Gartens zu den dicken, etwas abweisenden Mauern des alten Forts. Hier fühlt man sich fast wie eine französische Prinzessin in ihrem Schlosspark – oder aber wie Leni, die Hauptfigur aus Heinrich Bölls Roman »Gruppenbild mit Dame«. Dieser bescherte der Autor am Fort X ein romantisches Treffen mit ihrem Liebsten. Ob die beiden auch in dem kleinen, halbrunden Pavillon saßen, weiß man nicht so genau. Fest steht: Dieser ist einer der schönsten, idyllischsten Plätze im ganzen Park.

Wer nach so viel Romantik Lust auf etwas Abwechslung hat, sollte sich die Namen der über 70 Rosensorten einmal genauer anschauen. Denn die sind teils so seltsam, dass man sich wundert, und teils so skurril, dass man sich kaputtlacht – und welches erste Date könnte besser sein als eines, bei dem man sowohl die romantische Stimmung genießt als auch aus vollem Herzen gemeinsam lacht.

EINEN SHOPPING-SPAZIERGANG MACHEN
BELGISCHES VIERTEL

ÖPNV: Haltestelle Moltkestraße, Friesenplatz oder Zülpicher Platz

Individuelle Boutiquen, gemütliche Cafés, angesagte Restaurants und dazu dieses besondere Flair, das es nur hier gibt – im angesagtesten Veedel der Stadt, das bei Hipstern ebenso beliebt ist wie bei Künstlern, Agenturmenschen oder Studenten. Warum das so ist, lässt sich am besten bei einem ausgedehnten Spaziergang mit der besten Freundin herausfinden. Der startet an einer der umliegenden Bahnhaltestellen oder aber am Parkhaus mit der schönsten Aussicht Kölns. Das liegt an der Maastrichter Straße und bietet nicht nur einen zentralen Abstellplatz fürs Auto, sondern von der obersten Etage auch einen atemberaubenden Blick auf Dom und Fernsehturm sowie über ein Meer aus Dachterrassen. Wenn man sich von dieser Aussicht endlich lösen kann, geht's los mit der Tour durchs Shoppingparadies Belgisches Viertel. Dabei hält man es am besten so wie alle in diesem Veedel: Ganz entspannt und locker sein, sich einfach durch die Straßen treiben lassen und gucken, wo man landet. Allerdings gibt es ein paar Hotspots, die man keinesfalls verpassen sollte.

Zum Beispiel die »boutique fraukayser« (Maastrichter Straße 40–44). Wer hierherkommt, mag es bunt. Und zwar richtig bunt. Denn genau in diesem Stil gibt es hier alles, was Frauen- und Mädchenherzen höherschlagen lässt. Kleine Naschereien, ausgefallene Dekoartikel und Kinderspielzeug, Papier- und Bastelkram sowie individuelle Stickereien. Die sind quasi die »Spezialität des Hauses«. Bestickt wird alles, was aus Stoff ist: Kissen, Lätzchen, Geschirrtücher ... Hat man nach so viel Buntem Lust auf Gold, bietet sich ein Abstecher zum Blumenladen »GOLDREGEN« (Lütticher Straße 49) an. Der ist von außen

schon so wunderhübsch, dass man einfach nicht vorbeigehen kann – auch wenn man eigentlich gar keine Blumen kaufen möchte. Drinnen überlegt man es sich dann ganz schnell anders. Zu schön sehen die zarten Blumen vor den rustikalen Steinwänden aus, zu farbenfroh leuchten sie im Kontrast zum schwarzweiß gefliesten Boden. Also: Einen Strauß für einen lieben Menschen (oder sich selbst) aussuchen,

ganz nett fragen, ob er im »GOLD-REGEN« noch etwas im Wasser stehen darf, und nach der Shoppingtour abholen. Die ist nämlich noch lange nicht zu Ende. Schauen und shoppen muss man unbedingt noch bei »Plus & Minas« (Zülpicher Platz 16), wo im rosa Retro-Umkleidezimmer ausgewählte und ausgefallene Mode anprobiert werden kann.

Lieber ein neues Bild? Das findet man garantiert auf der riesigen goldenen Wand bei »SCHEE« (Maastrichter Straße 36), an der sich Prints für jeden Geschmack tummeln. Apropos Geschmack: Für den Gaumen wird im Belgischen Viertel ebenfalls einiges geboten: Gemütliche Cafés wie das »Miss Päpki« (Brüsseler Platz 18) mit seinem altmodischen Puppenstuben-Charme und die »Kaffeemanufaktur Heilandt« (Bismarckstraße 41) laden zu kleinen Shoppingpausen ein. Oder wie wäre es mit einer gesunden Bowl im »Café SPATZ« (Antwerpener Straße 38), peruanischen Spezialitäten im »Tigermilch« (Brüsseler Straße 12), griechischen Köstlichkeiten in der »Ouzeria« (Brüsseler Straße 68) oder Sushi im »Daikan« (Maastrichter Straße 9)?

Gut, dass das Parkhaus mit der schönen Aussicht 24 Stunden geöffnet hat, denn es gibt noch viel zu entdecken in Kölns angesagtestem Veedel.

MADE IN KÖLN – MIT LIEBE HANDGEMACHT

Bei diesen Kölner Manufakturen kann man Schönes, Leckeres und Praktisches made in Köln shoppen:

➤ Festes Shampoo und Co.:
www.waschkram-ug.jimdosite.com
➤ Ingwer in Flaschen: www.djahe.com
➤ Kölsches Kaugummi ohne Plastik:
www.forestgum.de
➤ Hüte für Sommer, Winter und immer:
www.hutfabrik-flemming.de
➤ Süßes und Salziges aus dem Glas:
www.weckzeit-koeln.de
➤ Gin mit ausgefallenen Aromen:
www.linden-gin.com
➤ Natürlich nachhaltig – Produkte aus Bambus:
www.bambusliebe.de
➤ Pasta und mehr: www.pastawerkstatt.de
➤ Kölsche Geschenkideen aus Holz:
www.domunddoemsche.koeln
➤ Hochprozentige Haselnuss:
www.koelschekopfnuss.de
➤ Leckere Lavendel-Limonade: www.lilamonade.com
➤ Uhren und Brillen aus bestem Holz:
www.kerbholz.com
➤ Schönes fürs Zuhause: www.druckschwestern.de
➤ Kork kann einiges: www.corkandcrochet.com
➤ Exotisches aus Ehrenfeld: www.mariasalsa.com
➤ Schmück dich glücklich: www.baba-jewellery.com

TIPP

EINE ZEITREISE MIT DEM OLDTIMER MACHEN
OLDTIMERVERMIETUNG KÖLN

Infos zu den Automodellen und Reservierungen unter
www.oldtimervermietung-koeln.de

Auf einer Fläche von über 400 Quadratkilometern gibt's in Köln einiges zu entdecken. Und um Köln herum natürlich auch: Ob Siebengebirge, Bergisches Land oder die Eifel – Möglichkeiten, sein Wochenende mit dem Lieblingsmenschen in wunderschöner Natur zu verbringen, gibt es viele. Und dafür, dass bereits der Weg dorthin mindestens ebenso schön wird, sorgt die Oldtimervermietung Köln. Zugegeben, mit dem eigenen Auto wäre der Trip ins Grüne um einiges günstiger, aber eben auch unspektakulärer. Denn so ein Oldtimer-Cabrio ist schon etwas ganz Besonderes. Das Knattern des alten Motors, das Knarzen der Ledersitze, dazu das Lieblingslied im Radio und die Haare im warmen Sommerwind – eine kleine Zeitreise, von der nicht nur autobegeisterte Männer träumen.

Die können sich kaum zwischen den vielen Modellen entscheiden. Möchte man gemütlich mit einem dunkelgrünen Käfer-Cabrio Richtung Eifel tuckern? Oder lieber in einem eleganten schwarzen Cadillac oder einem knallgelben Karmann Ghia? Beides echte Klassiker und so schön, dass man über das Fotografieren fast das Losfahren vergisst. Was schade wäre, denn an Bord eines Oldtimers ist tatsächlich der Weg das Ziel. Spielt das Wetter einmal nicht mit, haben die Oldtimer-Profis natürlich auch geschlossene Autos im Angebot, wobei das älteste, ein Mercedes 170 V, aus dem Jahr 1939 stammt. Wer diesen mietet, hat Glück: Er darf mit maximal 80 km/h gefahren werden, was noch mehr Gemeinsamzeit mit dem Lieblingsmenschen bedeutet.

MIT DEN MÄDELS ROCKEN UND SHOPPEN

MODELABEL ROCK-IT-BABY

Rothehausstraße 4, 50823 Köln
Infos und Buchung unter www.rock-it-baby.de
ÖPNV: Haltestelle Körnerstraße

Tupperparty war gestern, heute wird gerockt – womit nicht etwa die Musik gemeint ist, sondern die Lieblingsklamotte vieler Frauen.

Eine, die vom Rock-Virus definitiv infiziert ist, und das schon seit vielen Jahren, ist Sabine Berndt. Deshalb machte die frühere Kunst- und Englischlehrerin ihre Leidenschaft für Röcke kurzerhand zum Beruf und gründete das Label »rock-it-baby«, unter dem sie fair produzierte Röcke »made in Köln« entwirft. Zu kaufen gibt es diese in ihren beiden Ehrenfelder Läden, wo auch ihre »Rock-Partys« stattfinden. Die bieten neben einem exklusiven Einkaufserlebnis für bis zu zehn Freundinnen auch jede Menge Spaß, der bereits beim Betreten des Ladens beginnt. Denn dieser ist ein wahres Paradies für Shopaholics: Röcke, so weit das Auge reicht – lange und kurze, weite und enge. Unifarbene Röcke treffen auf bunte Blumenmuster, Falten auf Volants und Spitzenborten. Es gibt Röcke aus (Baum-)Wolle, Jeansstoff und sogar Frottee. Kurz: Für jede ist der passende dabei. Und zwar unabhängig von Konfektionsgröße und

Figur. Denn zum einen lässt Sabine Berndt alle ihre Kleidungsstücke in den Größen 32 bis 48 produzieren und zum anderen ist sie bei den rockigen Mädelsabenden natürlich auch mit von der Partie und steht den Teilnehmerinnen mit Rat und Tat zur Seite.

Mit einem Glas Sekt in der Hand und den liebsten Shoppingberaterinnen an der Seite darf einen ganzen Abend lang ungestört nach Herzenslust gestöbert und anprobiert werden – so lange, bis jede ihren Traumrock gefunden hat.

IM SECONDHAND-GLÜCK SCHWELGEN
KÖLNER MÄDCHEN-FLOHMÄRKTE

www.klimbimundkokolores.com, ÖPNV: Haltestelle Wiener Platz
www.maedchenklamotte.de, ÖPNV: Haltestelle Hansaring

Gibt es etwas Schöneres als Shoppen? Ja, Shoppen mit der besten Freundin und dabei jede Menge Schnäppchen machen, damit am Ende noch genug Geld für einen ausgiebigen Kaffeeklatsch übrig ist.

Möglich machen das die unzähligen Kölner Floh- und Trödelmärkte, die zum stundenlangen Bummeln, Stöbern und Feilschen einladen. Und wenn es dort keine ausrangierten Bohrmaschinen oder abgetragenen Krawatten zu kaufen gibt, sondern nur das, was Frauen wirklich »brauchen« und wollen, dann ist man im Paradies. Beziehungsweise auf einem Mädchenflohmarkt. Dort kann, ungestört von »So was hast du doch schon«-Freunden oder »Steht dir nicht«-Männern, nach Herzenslust geschaut und anprobiert werden. Im Angebot sind auch oft handgemachte Unikate, echte Klassiker oder Schätzchen aus längst vergangenen Zeiten. Deshalb sollte man möglichst früh, also vor den anderen Kölner Schnäppchenjägerinnen, da sein und viel Zeit mitbringen.

Je nachdem, wann der Markt beginnt, kann das schon mal in aller Herrgottsfrühe sein – oder aber man besucht einfach den Fräulein Klimbim-Markt in der Stadthalle Mülheim. Der beginnt erst um 18 Uhr und ist bekannt für seine selbst designte Mode und die ausgefallenen Vintage-Stücke. Außerdem gibt's kühle Drinks, leckere Snacks und gute Musik. Und Männer. Denn die dürfen hier ausnahmsweise mitkommen – zum Tütenschleppen. Bis diese voll sind und das Flohmarkt-Budget aufgebraucht ist, vergnügen sie sich in einer extra eingerichteten Männerecke mit Kickern und Kölsch.

Ein weiterer besonders schöner Flohmarkt, der unbedingt einen Besuch lohnt, ist die Mädchenklamotte, der regelmäßig im Mediapark stattfindet. Hier gibt's nicht nur den auf Flohmärkten seltenen Luxus von Spiegeln und Umkleidemöglichkeiten, sondern auch

eine große Auswahl an Plus-Size-Mode für Frauen, die ihre Kurven lieben und gern mit tollen Secondhand-Klamotten in Szene setzen wollen. Außerdem im Angebot: Kleidung und Zubehör für Babys und Kinder sowie alles andere, was Frauen glücklich macht – von A wie außergewöhnliche Accessoires bis Z wie ziemlich coole Zehentreter. Wer nach dem ausgiebigen Schnäppchen-Shoppen zu Hause feststellt, dass im Kleiderschrank gar kein Platz mehr für die neuen alten Schätzchen ist, der kann auf den Mädchenflohmärkten natürlich auch selbst verkaufen. Also schnell die beste Freundin aktivieren, gemeinsam den Schrank nach nie getragenen Fehlkäufen, absoluten Horror-Outfits oder Skinny-Jeans, die das letzte Mal vor drei Kilos gepasst haben, durchsuchen und einen Standplatz reservieren. Und neben einem Picknickkorb auf keinen Fall die Thermoskanne mit Kaffee vergessen. Denn früh da sein und den Stand hübsch herrichten lohnt sich – das Auge shoppt schließlich mit. Und wenn die Einnahmen trotzdem auf sich warten lassen? Dann hat man zumindest einen lustigen Tag mit der Lieblingsfreundin verbracht, bestimmt jede Menge nette Mädels kennengelernt und vielleicht sogar am Nachbarstand das Schnäppchen des Jahres gemacht.

DEN DOM IM BLICK:
CABRIO-TOUR DURCHS BERGISCHE LAND

Den Kölner Dom sieht man nur in Köln? Falsch! Man sieht ihn auch aus Bensberg, Leverkusen, Burscheid und sogar aus Wipperfürth – von dort allerdings nur bei schönem Wetter und guter Sicht. Aber bei Regen und Nebel macht eine Cabrio-Tour ja sowieso wenig Spaß.

Diese startet am Schloss Bensberg und führt als 130 Kilometer langer Rundweg zu bekannten und weniger bekannten Stellen im Bergischen Land, von denen aus man das Kölner Wahrzeichen sehen kann. Insgesamt zehn Mal taucht die dritthöchste Kirche der Welt in der grünen, hügeligen Landschaft auf und lässt das Herz eines jeden Kölners höherschlagen. Dazu gibt's von Bensberg bis Leichlingen jede Menge Natur, hübsche, kleine Ortschaften und gemütliche Einkehrmöglichkeiten. Der Picknickkorb kann also getrost zu Hause gelassen werden – der Fotoapparat muss hingegen unbedingt mit!

Tourbeschreibung auf www.dasbergische.de, Suchfunktion »Domblick«

TIPP

IM MINI-RENNWAGEN
DURCH DIE STADT CRUISEN

HOT ROD FUN KÖLN

Infos zu den Touren und Buchung unter
www.hotrod-fun.com/koeln

Die Mädels sind beim Wellness und ein Wochenende mit den Kumpeln steht bevor? Grillen und Fußballgucken sind gesetzt, aber nicht wirklich spektakulär. Was also anfangen mit der freien Zeit? Wie wäre es mit einer Tour im Rennwagen durch Köln? Klingt seltsam, ist aber möglich – wenn auch nur in einem Miniatur-Rennwagen und mit halbem Speed, dafür aber mit mindestens doppelt so viel Spaß. Die Hot-Rod-Mini-Flitzer, in denen es auf geführten Touren durch die City geht, sind originalgetreue Nachbauten von Oldtimern aus den 1920er bis 1940er Jahren. Wer sie fährt, sitzt nur wenige Zentimeter über dem Asphalt – ein unbeschreiblicher und völlig neuer Fahrspaß bei bis zu 88 km/h. Allerdings leider nur für diejenigen, die nicht größer als 1,95 Meter sind. Alle anderen werden am Straßenrand abgestellt und müssen Fotos von der vorbeifahrenden Miniauto-Kolonne machen, denn selbst fotografieren ist während der Fahrt streng verboten.

Die Tour mit den kleinen Automatik-Racern führt nach einer Einweisung und der Ausstattung mit Sturmhauben und Helmen wahlweise zwei Stunden durch die Kölner Veedel oder – für alle, die nicht genug vom Rennfahrergefühl bekommen können – ins Umland. Diese Country-Touren dauern mindestens drei Stunden und geben einem die Gelegenheit, in Feld- und Waldabschnitten mal so richtig Gas zu geben, die Wendigkeit der kleinen Flitzer auszutesten und dabei frische Landluft zu schnuppern – eben Wellness für echte Kerle und der perfekte Trip für ein unvergessliches Männerwochenende.

KÖLN AUS ALLEN PERSPEKTIVEN ENTDECKEN
KÖLSCHE KINDERRUNDFAHRT

Tickets und Infos unter
www.koelntourist.net/kombi-tickets/koeln-erleben

Warum nicht mal die eigene Stadt wie ein Tourist entdecken? Orte sehen, an denen man noch nie zuvor war, Sehenswürdigkeiten erkunden, die man zwar kennt, aber irgendwie doch nicht wirklich, und dazu noch etwas über die spannende Geschichte erfahren, die genau dort stattfand, wo man lebt: vor der eigenen Haustür. »Tolle Idee« finden die großen Lieblingsmenschen, »langweilig« die kleinen, denn stundenlang durch Köln laufen und langweilige Geschichtsdaten hören macht nun wirklich keinen Spaß.

Gut, dass es eine ganz besondere Stadtführung gibt, bei der die Laufstrecken nicht lang sind und das Gehörte nicht langweilig. Die Tour »Köln erleben … zu Land, zu Wasser und aus der Luft« macht sowohl große als auch kleine Kölner glücklich und bringt zudem jede Menge Spaß. Los geht's mit der Rheinparkbahn, einem Zug in Miniaturausgabe, der am Tanzbrunnen startet und die Fahrgäste bis zur Claudius Therme bringt. Wer jetzt Lust auf Wellness bekommt, muss sich leider noch ein wenig gedulden, denn zunächst einmal wird umgestiegen – vom Land in die Luft, vom Zug in die Seilbahn. Deren rechtsrheinische Haltestelle liegt ein paar Meter hinter der Therme. In luftiger Höhe transportiert die Bahn ihre Gäste auf die andere Rheinseite. Wer Glück hat, ergattert die bei Kindern besonders beliebte Zoo- oder Polizei-Gondel. Aber auch in einer der 42 anderen Gondeln wird die Fahrt sicher nicht langweilig, denn bei der ungewöhnlichen – und für die meisten leider viel zu kurzen – Rheinüberquerung gibt es einiges zu gucken und zu entdecken. Nach wenigen Minuten erreicht die

Seilbahn wieder festen Boden, und die Stadtentdecker müssen nur einmal die Straße überqueren, um direkt vor dem Eingang des Zoos ins nächste Gefährt umzusteigen. Der gelb-grüne Zooexpress, eine gemächliche Bimmelbahn, fährt seine Gäste in rund 20 Minuten zur Kölner Sehenswürdigkeit Nummer eins, dem Dom, der auch für langjährige Bewohner der Stadt immer wieder einen Besuch wert ist. Auf dem Weg dorthin gibt's dann die von den Großen erwarteten und von den Kleinen gefürchteten Infos zur Geschichte von Eigelstein, Skulpturenpark und Kolumba-Museum, an denen die Rundfahrt vorbeiführt. Am Dom angekommen, muss nun ein kleines Stück zu Fuß gegangen werden; als Trost für alle Laufmuffel unter den Lieblingsmenschen wartet am Ende der kurzen Strecke ein weiteres Highlight: eine Fahrt mit der Rheinfähre MS Strolch, die kurz hinter der Hohenzollernbrücke ablegt und bereits seit den 1960er Jahren Fußgänger von einer Rheinseite zur anderen bringt.

Am anderen Ufer angelangt, befindet man sich wieder am Startpunkt der Kölschen Kinderrundfahrt, dem Tanzbrunnen. Und da man ja wie versprochen nur ganz wenig laufen musste, ist sicher noch genug Energie übrig, um auf dem großen Spielplatz im Rheinpark eine Runde zu toben und zu klettern. Sollten die Füße doch schon müde sein, bietet sich der Rheinpark mit seinen ausgedehnten Grünflächen für ein entspanntes Picknick an.

Wer Lust auf noch mehr Gemeinsam-Zeit hat, startet und beendet die Tour einfach am Zoo und besucht – passend zum Motto der Stadtführung – Tiere, die zu Land, zu Wasser und in der Luft leben.

KAFFEEKLATSCH TRIFFT KINDERQUATSCH

Nach der Kultur gibt's Kaffee, Kuchen und eine Kinderecke zum Spielen und Toben. Und zwar in diesen tollen Familien-Cafés:

➤➤ Lukha und Herr Landmann, Landmannstraße 4, 50823 Köln, www.cafe-lukha-herr-landmann.eatbu.com
➤➤ Café Baumhaus, Brühler Straße 26, 50968 Köln, www.cafe-baumhaus.de
➤➤ Café Rosemarie, Hirschbergstraße 28/Honnefer Platz, 50939 Köln, www.facebook.com/CafeRosemarie
➤➤ Die ZIRKUSfabrik, Bergisch Gladbacher Straße 1007 a, 51069 Köln, www.diezirkusfabrik.com
➤➤ Fräulein Frida, Subbelratherstraße 179, 50823 Köln, www.fraeulein-frida.de
➤➤ Halli Galli, Mozartstraße 39, 50674 Köln, www.cafe-halligalli.de
➤➤ Famillich, Am Stavenhof 5–7, 50668 Köln, www.famillich.koeln
➤➤ Café Wölkchen, Kempener Straße 34, 50733 Köln, www.cafe-woelkchen.de
➤➤ Wo ist Tom?, Zülpicher Straße 309, 50937 Köln, www.wo-ist-tom.de

TIPP

SICH MASSGESCHNEIDERTE DESSOUS GÖNNEN

ATELIER BLANC DE NOIR

Palmstraße 43, 50672 Köln
www.blancdenoir-lingerie.de
ÖPNV: Haltestelle Friesenplatz

Das kleine Atelier von Bianca Eversheim am Rande der Kölner Altstadt ist ein echter Geheimtipp für Frauen, die schon alles haben – außer einem perfekt sitzenden BH. Denn den zu finden, ist fast noch schwerer als die Suche nach dem richtigen Partner. Warum also sich selbst oder seinem weiblichen Lieblingsmenschen nicht mal den Luxus maßgeschneiderter Dessous oder Bademoden gönnen – davon hat Mann ja schließlich auch etwas. Bei Blanc de Noir werden Wäscheträume aus Spitze und Seide Wirklichkeit. Perfekt an die Figur angepasst betonen die individuell gefertigten Wäschestücke Vorzüge und kaschieren kleine Problemzönchen. Und vor allem: Sie kneifen nicht, sie rutschen nicht, und sie engen nicht ein.

Wer in den Laden der jungen Maßschneiderin kommt, hat zunächst einmal die Qual der Wahl: Farbe, Material, Passform und Details – all das kann man selbst aussuchen, damit aus dem Dessous-Wunsch am Ende tatsächlich das Wunsch-Dessous wird, das man sich vorgestellt hat. Und das passt. Dafür nimmt Bianca Eversheim genau Maß und bespricht die individuellen Bedürfnisse: Soll das Wäschestück kaschieren, betonen oder pushen? Soll der BH beim Sport stützen oder einfach »nur« hübsch aussehen? Auf die Fertigung folgt die Zwischenanprobe im Atelier – ein spannender Moment. Immerhin probiert man etwas an, das es nur einmal auf der Welt gibt. Nach dem letzten Feinschliff ist das exklusive Dessous oder der individuelle Bikini dann schließlich fertig und begeistert hoffentlich nicht nur seine Trägerin.

MIT DEM AUTO
DURCH DEN RHEIN FAHREN
DAS AMPHICAR VON MARCO SCHUH

Tour-Buchungen unter
www.kultauto.de

Möglichkeiten, zusammen mit dem Lieblingsmenschen die Lieblingsstadt zu entdecken, gibt es viele. Eine, bei der es nicht nur ums Sehen,
sondern auch ums Gesehenwerden geht, ist die Tour mit dem Oldti-
mer-Amphibienfahrzeug von Marco Schuh. Das sind 50 Prozent Auto,
50 Prozent Boot und 100 Prozent Spaß. Und ein Ausflug mit ihm
ist nichts für Schüchterne, denn das weiße Cabrio, das sowohl fahren als auch schwimmen kann, zieht alle Blicke auf sich. Zumindest
wenn es mit seinen Insassen gemütlich über den Rhein schippert.
Auf der Straße gibt sich das kuriose Fahrzeug aus den 1960er Jahren
eher unauffällig.

Los geht's bei den Passagieren zu Hause, wo sie von Marco Schuh
abgeholt und zu einer der Bootsrampen am Rhein gebracht werden.
Bevor das Amphibienfahrzeug langsam ins Wasser rollt, gibt es vom
Chauffeur, der nun zum Kapitän wird, Sicherheitsinstruktionen und
natürlich Schwimmwesten. Vielleicht auch ein wenig Musik, denn der
Oldtimer, von dem auf der ganzen Welt nur rund 3.500 Stück existie-
ren, verfügt noch über das Originalradio – die Zeitreise auf einer der
verkehrsreichsten Wasserstraßen der Welt kann also beginnen. Dass
man dabei nicht nur selbst jede Menge Fotos macht, sondern auch von
vorbeifahrenden Schiffen oder vom Ufer aus fotografiert wird, ist klar.
Dass man selbst einmal das Steuer übernehmen darf auch – allerdings
sollte man dabei nicht allzu viel Gas geben und den Anweisungen des
Kapitäns folgen, denn ein Amphicar ist definitiv kein Schnäppchen
und auch kein »normales« Auto. Daher – und aufgrund seines Alters –

sollte es mit Sorgfalt behandelt werden. Dann steht einer Fahrt über den Rhein mit 42 PS nichts mehr im Wege. Egal, ob diese unterhalb der beeindruckenden Kranhäuser durch den Rheinauhafen oder entlang der Kölner Skyline führt, ob durch einen der geschäftigen Häfen oder den idyllischen Weißer Rheinbogen mit seinen ausgedehnten Weideflächen, auf denen Pferde grasen – das Urlaubsfeeling fährt immer mit. Denn bei zwölf Stundenkilometern und einem Glas Prosecco in der Hand lässt es sich herrlich entschleunigen.

Akustisch untermalt wird der außergewöhnliche Ausflug durch das gleichmäßige Tuckern des vierzylindrigen Triumph-Motors, das laute Kreischen der Möwen, die sich wohl ebenfalls über das merk-

würdige Fahrzeug wundern, und die spannenden Erzählungen von Oldtimer-Fan Marco Schuh. So erfährt man zum Beispiel, dass mit dem gleichen Schwimmauto-Modell 1962 der Ärmelkanal überquert wurde oder dass die elegante Heckflosse nur Deko ist, denn die Richtung bestimmen auch im Wasser die Vorderräder.

Hat man nach der Rheintour wieder festen Boden unter den Füßen beziehungsweise Rädern, bringt der Kapitän, der nun erneut zum Chauffeur wird, seine Passagiere zurück nach Hause oder zu einer Wunsch-Location innerhalb Kölns. Und da man, anders als im Bus, während der Fahrt mit dem Fahrer sprechen darf, bietet sich nun eine gute Gelegenheit, um direkt einen neuen Tourtermin mit ihm zu vereinbaren. Denn eines steht fest: Eine Seefahrt ist zwar lustig und wahrscheinlich auch schön, eine Amphicar-Fahrt hingegen unbeschreiblich.

KÖLN KOSTENLOS

Diese Aktivitäten kosten keinen Cent, sind aber dennoch unbezahlbar

➤➤ am ersten Donnerstag im Monat ins Museum
www.museenkoeln.de/portal/KoelnTag
➤➤ Livemusik im Scheuen Reh hören
www.facebook.com/rehmondaylive
➤➤ den Philharmonie-Lunch besuchen
www.koelner-philharmonie.de
➤➤ Musik in Kölner Kirchen lauschen
www.kirchenmusik-koeln.de
➤➤ Filme im Japanischen Kulturinstitut gucken
www.khm.de/termine
➤➤ eine Ausstellung an der Kunsthochschule für Medien besuchen www.khm.de/aktuelles
➤➤ etwas für die Fitness tun www.fit-koeln.de
➤➤ Comedy im WirtzHaus erleben
www.ateliertheater.de
➤➤ Künstlern über die Schulter gucken
https://offene-ateliers-koeln.art-now.online
➤➤ mit Björn Heuser im Brauhaus singen
freitags 22.30 Uhr, Gaffel am Dom
➤➤ am Butzweilerhof Schumis Rennwagen bestaunen
www.motorworld.de/home/koeln-rheinland

TIPP

DIE STADT DURCH DEN SUCHER ENTDECKEN
FOTOSAFARI DURCH KÖLN

Infos zu den Fotokursen und Buchung unter
www.fotosafari-koeln.de

Fotografieren ist mehr als ein schönes Hobby. Es hält die Erinnerungen an unsere Lieblingsmenschen fest und die besonderen Momente mit ihnen. Selfies, Urlaubserinnerungen, Schnappschüsse: Ohne Fotos wäre unser Leben leerer und langweiliger.

Das findet auch das Team der Fotosafari Köln, das verschiedene Kamera-Kurse sowie eine Foto-Safari durch die Stadt anbietet. Denn da gibt es einiges zu sehen: besondere Architektur, viel Grün, zahlreiche Kirchen, den Rhein … Köln ist voller Hotspots für Fotoprofis und die, die es noch werden wollen.

Und diese Hotspots gilt es bei der City-Safari zu entdecken. Dazu gibt's Tipps rund um Ausrüstung, Kameraeinstellung, Motivwahl und Perspektive. Die Tour, auf der man Köln völlig neu durch den Sucher der Kamera entdeckt, dauert sieben Stunden und endet mit einem Highlight sowohl für Fotografen als auch für Romantiker – der »blauen Stunde«. Damit ist die Zeitspanne zwischen Sonnenuntergang und Nacht gemeint, die durch unterschiedliche Lichtstimmungen beeindruckt. Wie man diese festhält, worauf es bei der Belichtung ankommt und was es mit »Lightpainting« auf sich hat, erfahren die Teilnehmer vom Profi. Weitere Themen sind Architektur sowie Street- und Peoplefotografie, wobei man für Letztere praktischerweise den Lieblingsmenschen als wohl schönstes Motiv dabeihat. Gemeinsam lernt man nicht nur die Grundlagen der Fotografie und die eigene Stadt kennen, sondern entwickelt auch schnell einen persönlichen Stil – für perfekte Fotos und wunderschöne Erinnerungen.

EINE ADVENTSTOUR MACHEN
KÖLNER WEIHNACHTSMÄRKTE

Öffnungszeiten und Adressen zu den einzelnen Märkten unter
www.heavenue.de, www.holyshitshopping.de
www.facebook.com/EinRaumfuerMuelheim, www.lutherkirche-koeln.de

Adventszeit in Köln. Tausend Lichter erhellen die unzähligen Weihnachtsmärkte in der Stadt, Lebkuchenduft weht durch die Straßen, und der Glühwein wärmt fast genauso wie das herzliche Lachen des Lieblingsmenschen, das ab und an die weihnachtlichen Klänge des Drehorgelspielers unterbricht. Keine Frage, ein Weihnachtsmarktbesuch ist ein Erlebnis für alle Sinne – vor allem in Köln, wo es neben den vielen traditionellen auch jede Menge außergewöhnliche Märkte an besonderen Locations gibt. Wer an den wenigen Adventswochenenden mehr als jeweils nur einen Weihnachtsmarkt entdecken möchte, dem sei ein kölsches Weihnachtsmarkt-Hopping empfohlen, bei dem die besuchten Märkte alle gut zu Fuß oder mit der Bahn erreichbar sind.

Los geht's auf dem schrillsten, glitzerndsten und buntesten Weihnachtsmarkt, den die Domstadt je gesehen hat – dem Heavenue Cologne. Der schwul-lesbische Markt findet seit einigen Jahren etwas abseits des Rudolfplatzes, zwischen Hahnen- und Schaafenstraße, statt und hat sich auch außerhalb der Szene einen Namen gemacht. Kein Wunder, denn »Heavenue« macht mit bunten Ständen im Pop-Art-Style, schillernden Lichtern und wechselnden DJs und Künstlern einfach gute Laune – und von der kann man ja im Vorweihnachtsstress bekanntermaßen nie genug haben.

Wer jetzt auf den Geschmack gekommen ist und festgestellt hat, dass Weihnachtsmärkte nicht immer ruhig und beschaulich sein müssen, sollte direkt zu den Sartory-Sälen an der Friesenstraße ziehen und sich beim Holy Shit Shopping so richtig austoben: Hier gibt es alles, was mehr Design als Kitsch ist – von Mode und Schmuck bis hin zu

Möbeln, Kunst und Literatur –, und das bei guter Musik, leckerem Essen und ohne kalte Füße.

Sucht man nach einem Kontrastprogramm, bietet sich der Mittelalter-Markt in Porz-Ensen an. Der liegt zwar etwas ab vom Schuss, aber die kurze Bahnfahrt durchs weihnachtliche Köln lohnt sich, denn die Atmosphäre auf dem historischen Markt ist einzigartig: Rund um das alte Klostergebäude präsentieren Menschen in mittelalterlicher Kleidung längst vergessene Handwerkskünste, bei denen man sogar selbst einmal Hand anlegen und zum Beispiel einen Kerzenständer drechseln kann. Dazu gibt's Herzhaftes vom Grill, ausgefallene Geschenkideen und eine unvergessliche Reise in längst vergangene Zeiten.

Zurück in der Gegenwart – und in der Innenstadt – hat man zahlreiche weitere Möglichkeiten, den Advent einmal anders zu feiern. Zum Beispiel den Handmade im Veedel-Markt in der ehemaligen Bürgerstube in Mülheim, wo es ungewöhnliche Upcycling-Artikel zu kaufen gibt. Oder wie wäre es mit einem Besuch auf dem mit zehn Hütten wohl kleinsten Weihnachtsmarkt Kölns? Der findet seit einigen Jahren im wunderschönen Innenhof der Lutherkirche statt – und zwar für einen guten Zweck, denn jeder eingenommene Cent kommt einem karitativen Projekt zugute. Das Highlight auf dem kleinen Markt in der Südstadt sind die wöchentlich wechselnden Aussteller sowie die Auftritte namhafter Künstler wie Cat Ballou, Querbeat oder Kasalla, die natürlich ohne Gage auf der Bühne stehen und für ein wenig Karnevalsstimmung mitten im Advent sorgen. So was gibt's eben nur in Köln.

FAST WIE AUF DEM WEIHNACHTSMARKT – MUTZENMANDELN SELBST GEMACHT

➤➤ Zutaten für 4 Personen:

4 Eier
100 g Zucker
60 g Butter
2 EL Rum (oder Rumaroma nach Geschmack)
500 g Mehl
125 g gemahlene Mandeln (süß)
2 l Öl zum Ausbacken, alternativ Butterschmalz
Puderzucker zum Bestäuben

Eier mit Zucker, Butter und dem Rum/Rumaroma schaumig schlagen und das Mehl sowie die Mandeln unterrühren. Den Teig nach 30 Minuten Ruhezeit etwa zwei Zentimeter dick ausrollen und von Hand oder mit Hilfe eines Teelöffels zu kleinen mandelförmigen Nocken formen.
Diese in ausreichend Öl oder im Butterschmalz ausbacken, bis sie leicht gebräunt sind. Die fertigen Mutzenmandeln etwas abtupfen und mit dem Puderzucker bestreuen.

TIPP

EINEN GANZEN ABEND LANG SPIELEN
ALI-BABA-SPIELECLUB

Bürgerzentrum Nippes, Mauenheimer Straße 92, 50733 Köln
www.ali-baba-spieleclub.de/koeln
ÖPNV: Haltestelle Neusser Straße/Gürtel

Allein am Computer oder der Konsole zocken war gestern, heute boomen Gesellschaftsspiele mehr denn je. Denn die kann man überall, zu jeder Zeit und mit ganz vielen netten Lieblingsmenschen spielen. Zu Hause mit der kleinen Nichte, in der Kneipe mit dem besten Kumpel oder am Strand im Mädelsurlaub. Und wer beim Spielen ein paar potenzielle neue Lieblingsmenschen kennenlernen möchte, verbringt einfach einen Abend beim Ali-Baba-Spieleclub. Der hat rund 200 Mitglieder und fast 1.800 Spiele im Archiv, die alle darauf warten, ausprobiert zu werden – und zwar ganz ohne ebenso lästiges wie langweiliges Anleitunglesen, denn die Clubmitglieder erklären ihren neuen Mitspielern gern die Regeln alter Klassiker und spannender Neuheiten. Im Lager des Clubs stapelt sich alles, was Spaß macht und Kindheitserinnerungen wach werden lässt: von Evergreens wie »Mensch ärgere Dich nicht«, »Malefiz« und »Monopoly« bis hin zu unbekannten Spielen aus aller Welt wie beispielsweise »Yggdrasil Chronicles« oder »All you can eat«, von »Activity« bis »Zock 'n' Roll«.

Gespielt wird immer mittwochs von 19 bis 24 Uhr im Altenberger Hof (Bürgerzentrum Nippes), wo sich jede Woche zwischen 40 und 60 Spielefans treffen. Vorbeikommen und Mitmachen ist ausdrücklich erwünscht, eine Mitgliedschaft ist dafür nicht notwendig, und die Teilnahme an den Treffen ist kostenlos. Wer sich für den fünfstündigen Spielemarathon stärken will, kann sich von zu Hause etwas zu essen oder zu trinken mitbringen oder vor Ort gekühlte Getränke kaufen.

Und dann geht's auch schon los: knobeln, zocken, Strategien entwickeln, Denksportaufgaben lösen, würfeln, bauen, merken … und vor allem: ganz viel Spaß haben. Denn das steht an erster Stelle, auch wenn es natürlich schön ist, die ein oder andere Runde zu gewinnen. Und wenn das Spielglück den ganzen Abend ausbleibt? Dann freut man sich einfach auf das sprichwörtliche Glück in der Liebe, das man mit dem Lieblingsmenschen in vollen Zügen genießen kann. Und über den schönen Abend, der viel zu schnell vergangen ist.

Wer mag, kommt einfach in der Woche darauf wieder, dann vielleicht schon nachmittags um 16.30 Uhr. Denn um diese Zeit können die kleinen Fans von Brett- und Kartenspielen testen, was das Spielearchiv des Clubs hergibt. Zweieinhalb Stunden lang steht in Nippes alles im Zeichen von Uno, Memory und Co. Und anschließend sind die Großen dran. Wer auf den Geschmack gekommen ist und zu Hause mit dem Lieblingsmenschen noch ein wenig weiterspielen möchte, kann sich bis zum nächsten Treffen Spiele ausleihen, dafür ist allerdings eine Mitgliedschaft im Club erforderlich. Diese kostet aktuell 20 Euro im Jahr und berechtigt nicht nur zum Ausleihen von Spielen, sondern auch zur Teilnahme an verschiedenen Vereinsaktivitäten wie Turnieren und Spielewochenenden. Außerdem sind die Mitglieder des Ali-Baba-Spieleclubs, den es übrigens auch in anderen deutschen Städten gibt, Tester für neue Spiele. Bevor diese auf den Markt – und irgendwann auch ins Lager des Clubs – kommen, werden die Prototypen von den Kölner Profis anhand festgelegter Kriterien geprüft und auf ihren Spielspaß getestet.

MIT DEM LIEBLINGSMENSCHEN

*Miteinander
entspannen*

MAL ANDERS ENTSPANNEN
SUP-YOGA AUF DEM FÜHLINGER SEE

www.supverleihkoeln.de/sup-yoga-koeln
Infos und Buchung über info@nicolafabiana.com

Ein fast normaler Tag am Fühlinger See, an dem sich zwischen viel Natur und Grün jede Menge Menschen mit Stand-up-Boards auf dem Wasser tummeln. Allerdings ist das, was sie auf den Boards machen, nicht Paddeln, sondern Yoga. Und was ziemlich anstrengend aussieht, ist – wenn man es eine Weile geübt hat – ziemlich entspannend. Perfekt also, wenn der Lieblingsmensch Lust auf etwas Ruhiges hat, während man selbst etwas für seine Fitness tun möchte. Denn SUP(Stand-up-Paddling)-Yoga vereint beides: Das klare Wasser, die frische Luft und nicht zuletzt die meditativen Yoga-Übungen sorgen dafür, dass man schnell runterkommt und abschaltet. Gleichzeitig ist Yoga auf der schwimmenden Matte aber auch ein anspruchsvolles Workout: Um sich auf dem recht wackeligen Board zu halten, müssen viel Anspannung und Kraft aus der Körpermitte aufgebracht werden. So trainiert man Muskeln, von deren Existenz man bisher nichts ahnte – ein ganz besonderes Erlebnis für Körper und Geist also, für das man weder Yoga- noch SUP-Vorerfahrungen braucht.

Wer fällt, fällt zwar nass und meistens ziemlich kalt, aber dafür entschädigt eine warme Umarmung des Lieblingsmenschen nach Ende der Yoga-Session. Oder ein Heißgetränk im Beachclub, in dem man gemeinsam das Erlebte Revue passieren lassen und darüber diskutieren kann, ob SUP-Yoga denn nun eher Entspannung oder Workout ist. Wahrscheinlich beides, eines aber definitiv: eine völlig neue Erfahrung, die man nicht missen möchte.

RIKSCHA-ROMANTIK ERLEBEN
CHAMPAGNERFAHRT MIT RIKOLONIA

Alle Fahrten buchbar über
www.rikolonia.de

Manchmal muss es eben richtig romantisch sein: am Hochzeitstag, dem Geburtstag des Lieblingsmenschen oder wenn man von ebendiesem auf eine ganz bestimmte Frage ein glückliches Ja hören möchte. Aber auch, wer einfach »nur« ein paar besondere Stunden mit einem genauso besonderen Menschen verbringen möchte, liegt mit dieser außergewöhnlichen Stadtrundfahrt von Rikolonia genau richtig. Ob tagsüber durch die belebte Stadt oder zu zweit allein im Mondschein – bei dieser romantischen Tour durch Köln prickelt nicht nur der Champagner. Der ist während der Fahrt inklusive, ebenso wie die vielen besonderen Momente, die man, eng aneinandergekuschelt, auf der 60 bis 90 Minuten langen Tour erlebt.

Wohin der Fahrer seine Gäste bringt, kann von diesen individuell festgelegt werden. Sei es an den Ort des Kennenlernens oder den des ersten Kusses oder aber zu den ganz persönlichen Lieblingsplätzen in der Stadt – alles ist möglich, und das macht die Champagnerfahrt mit der Riksha zu einem ganz speziellen Erlebnis für zwei. Um es unvergesslich zu machen, kann eine Foto-CD dazugebucht werden, auf der die schönsten Augenblicke festgehalten werden. Und was wäre Bella Romantica in Colonia ohne das fast schon obligatorische Liebesschloss? Auch dieses kann im Vorfeld bestellt und während der Fahrt gemeinsam an der Hohenzollernbrücke angebracht werden. Außerdem hält der Fahrer auf Wunsch einen Blumenstrauß als kleine Überraschung für den Lieblingsmenschen bereit – den kann man ja manchmal ganz gut gebrauchen.

SICH EINFACH MAL TREIBEN LASSEN
RESET CENTER

Zum Biotop 11, 50127 Bergheim/Erft
www.reset-center.de

Wohltemperiertes Wasser, die Augen geschlossen, die Gedanken ganz weit weg vom Hier und Jetzt. Dazu ein angenehmes Gefühl von Schwerelosigkeit, sich einfach treiben lassen, nichts hören, sehen oder denken … Was so richtig nach Entspannung klingt, ist genau das – und mit dem Lieblingsmenschen an der Seite zudem ein einmaliges und unvergessliches Erlebnis. Möglich ist es im Bergheimer Reset Center, das sich ganz auf Wellness und Wohlbefinden spezialisiert hat und neben Floating auch hawaiianische Partnermassagen im Programm hat. Als eine der wenigen Adressen in Nordrhein-Westfalen bietet es Floating für zwei an: In einem großen, runden Pool lässt man sich von körperwarmem Salzwasser tragen – fast wie im Toten Meer, nur noch viel entspannender, denn das Floaten (englisch für »Schweben«) geschieht in angenehmer Stille und fast völliger Dunkelheit, damit man sich ganz auf sich, seinen mitschwebenden Lieblingsmenschen und auf das wunderbare Gefühl der Leichtigkeit konzentrieren kann. So werden die Sinne entlastet und der Informationsfluss zum Gehirn reduziert – ein Effekt ähnlich dem der Meditation, der sich schon nach kürzester Zeit im Floatingbecken einstellt.

Eine Stunde lang können Körper und Geist so zur Ruhe kommen, Stress und Alltagssorgen scheinen sich im warmen, weichen Salzwasser aufzulösen. Der Partnerpool hat dabei einen angenehmen Durchmesser von 2,60 Metern, groß genug, um sich richtig treiben zu lassen, und klein genug, um dem Floatingpartner auf Wunsch ganz nah zu sein.

BEI SONNENUNTERGANG PICKNICKEN
KÖLNER PUMPWERK

Rheinuferstraße, Ecke Schönhauserstraße, 50968 Köln
ÖPNV: Haltestelle Schönhauserstraße

Sonnenuntergänge sind immer rot und romantisch? Im Falle dieser besonderen Sundowner-Location stimmt das nur bedingt. Denn wer hier der untergehenden Sonne hinterherschaut, sieht nicht nur Rot, sondern auch mal Blau, Grün oder Gelb. Und romantisch kann es hier zwar zugehen, muss es aber nicht. Das Pumpwerk am Bayenthaler Rheinufer eignet sich nämlich genauso gut für ein abendliches Picknick mit einer Freundin wie für ein kühles Kölsch mit dem besten Kumpel. Je nachdem, wie hoch der Rheinpegel gerade ist, leuchtet das futuristische Gebäude in unterschiedlichen Farben – und die Wiese davor gleich mit. Diese ist vor allem in der Dämmerung ein beliebter Treffpunkt, da dann das intensive Farbenspiel am besten zur Geltung kommt. Wenn die Lichter der Stadt angehen, die Schiffe auf dem Rhein ein wenig langsamer zu fahren scheinen, der Picknickkorb immer leerer und das Lachen des Lieblingsmenschen immer lauter wird – dann weiß man, dass man gerade am perfekten Ort mit dem perfekten Menschen ist.

Von dem kleinen Hügel vor dem Pumpwerk hat man einen einmaligen Rundumblick auf den Rhein, den Dom, Teile der Skyline und natürlich auf den Sonnenuntergang, der mit dem Pumpwerk um die Wette leuchtet. Hat beides dieselbe Farbe, also Rot, bedeutet das übrigens, dass der Rheinstand bei über 6,20 Metern liegt. Aber keine Sorge: Dank der erhöhten Lage bekommt man hier auch dann keine nassen Füße, wenn man den Rhein einmal kurz aus den Augen lässt und stattdessen in denen des Lieblingsmenschen versinkt.

MIT KÜHEN KUSCHELN UND IM WALD SCHLAFEN
OBERBERGISCHES LAND

Baumhaushotel Panarbora, www.panarbora.de
Kräutercafé, www.kraeutercafe.com
Hof Familie Eschmann-Rosenthal, www.sissykuhkuscheln.de

Warum in die Ferne schweifen, wenn das Oberbergische Land so nah liegt? Rund 60 Kilometer von Köln finden Städter, die Sehnsucht nach Natur und ein wenig heiler Welt haben, ihr Paradies: kleine Fachwerkstädtchen, grüne Wiesen, schattige Wälder und dazwischen jede Menge Highlights, die darauf warten, gemeinsam mit dem Lieblingsmenschen entdeckt zu werden.

Wie wäre es zum Beispiel mit Kühekuscheln auf dem Bauernhof? Oder mit einem Kräuter-Menü in einem entzückenden bergischen Fachwerkhaus? Und wer gar nicht mehr zurück in die Großstadt möchte, verbringt die Nacht einfach mitten im Wald im Baumhaus-Hotel Panarbora. Das liegt am Rande des Naturparks Bergisches Land auf einer Waldfläche so groß wie elf Fußballfelder. Neben verschiedenen Unterkunftsalternativen gibt es hier einen interaktiven Baumwipfelpfad, Wandermöglichkeiten sowie einen Beachvolleyball- und einen Grillplatz – perfekt für einen Abenteuertrip mit dem besten Kumpel oder ein romantisches Wochenende mit dem Herzensmenschen. Übernachtet wird in bis zu sieben Metern Höhe zwischen den Baumwipfeln oder in einem von drei Dörfchen im afrikanischen, asiatischen oder südamerikanischen Stil. Egal, welche Unterkunft man wählt, das Gefühl, mitten in der Natur einzuschlafen, ist wirklich unvergesslich. Nachts lauscht man den Geräuschen des Waldes, sieht nichts außer dem weiten Sternenhimmel, und morgens wird man vom Zwitschern der Vögel geweckt. Wer diesem einmaligen Übernachtungserlebnis ein

einmaliges Frühstückserlebnis folgen lassen möchte, ist im Kräutercafé von Astrid Saubert genau richtig. Die gelernte Floristin hat sich in einem alten Fachwerkhaus in der Nähe von Waldbröl einen Traum erfüllt und bietet hausgemachte Spezialitäten aus Wildkräutern an. Der Tag startet hier mit leckeren Fruchtaufstrichen, Chutneys und Kräuterfrischkäse aus der eigenen Genuss-Manufaktur. Wer später kommt, hat die Wahl zwischen verschiedenen Kräuter-Köstlichkeiten wie Suppen, Salaten oder Süßem – serviert wird, was die Natur gerade hergibt, darunter Exoten wie Fichtenspitzen-Zitronentorte oder Löwenzahn-Chutney. Die verwendeten Kräuter sind frisch, regional und fast alle mit viel Liebe von Astrid Saubert selbst gepflückt. Gegessen wird in gemütlich-entspannter Wohlfühlatmosphäre, wobei die Inhaberin gern Fragen rund um Bärlauch, Brennnessel und Co. beantwortet.

Frisch gestärkt darf jetzt gekuschelt werden. Wahlweise mit dem Lieblingsmenschen oder aber mit einer der acht Kühe von Familie Eschmann-Rosenthal. Ihr Hof befindet sich nur wenige Autominuten vom Kräutercafé entfernt; wer mag, legt die rund anderthalb Kilometer zu Fuß zurück – immer am Bach entlang und immer der Nase nach, dann kann man Lotta, Ida und ihre Kuh-Kollegen schon bald riechen. Seit 2011 können diese nach Herzenslust gestreichelt oder einfach nur beobachtet werden. Dabei färbt das ruhige Wesen der zahmen Kühe schnell auf die Besucher ab. Angeboten werden auch Kuh-Spaziergänge – perfekt zum Entschleunigen und um die Natur zu genießen. Und um zu vergessen, dass man nur rund 60 Kilometer von der hektischen Großstadt entfernt ist – nur ich und du und eine Kuh …

Hinweis: Voraussetzung für die Übernachtung ist eine Mitgliedschaft im Deutschen Jugendherbergswerk (derzeit 22,50 Euro pro Jahr).

EIN GANZES WOCHENENDE
MIT DEM LIEBLINGSMENSCHEN

Lust auf noch mehr Gemeinsamzeit? Rund um Köln
gibt es jede Menge weitere ungewöhnliche Übernach-
tungsmöglichkeiten – so besonders wie der Mensch,
mit dem man sich hier einquartiert.

➤➤ www.hausboot-niederrhein.de: Ein Hausboot für
sich und den Lieblingsmenschen
➤➤ www.moerenhof.de: Knisternder Schlafplatz im
Heu auf einem idyllischen Bauernhof
➤➤ www.wittgensteiner-himmelbett.de: Eine Nacht
unterm Sternenhimmel, Frühstück im Bett inklusive
➤➤ www.liebesgruen.de: Berghüttenromantik im Sau-
erland, mit Spa, Kamin und ganz viel Natur
➤➤ www.altes-amtsgericht-petershagen.de: Übernachten im ehemaligen Gefängnis – in Zweierzellen und in
gestreifter Sträflingskleidung
➤➤ www.alpaka-farm-inti.de: Schlafen im Schäferwa-
gen mitten auf einer Wiese voller Alpakas
➤➤ www.krimihotel.de: Deutschlands erstes Krimihotel
in der Vulkaneifel, für Fans von Miss Marple und Co.

TIPP

BLUMEN UND ERDBEEREN PFLÜCKEN
GUT CLARENHOF IN FRECHEN

Gut Clarenhof 5, 50226 Frechen
www.gut-clarenhof.de
ÖPNV: Haltestelle Weiden West

Gleich hinter der Kölner Stadtgrenze wartet das pure Pflück-Glück. In Sichtweite der Aachener Straße blüht, duftet und zwitschert es, als sei man ganz weit weg von der großen, lauten Stadt. Auf einem riesigen Feld leuchten Tausende Narzissen und Osterglocken um die Wette – ein Farbtraum in Rot, Gelb und Lila, der nur darauf wartet, gepflückt zu werden. Doch zunächst einmal hat man die Qual der Wahl. Und so spaziert man auf der Suche nach den schönsten Blumen durch den bunten Blütenteppich und vergisst dabei schon mal die Zeit, denn nebenbei lässt es sich herrlich mit dem Lieblingsmenschen quatschen.

Ist der gepflückte Strauß schließlich größer als die größte Vase, die man besitzt, heißt es Abschied nehmen vom Kölner Vorstadt-Blütentraum – allerdings nicht für allzu lange. Denn wenn die letzte Tulpe gepflückt und die letzte Narzisse verblüht ist, machen sie Platz für etwas ebenso Schönes: ein riesiges Feld voll Sonnenblumen, die ab Juli/August auf fleißige Pflücker warten. Um die Zeit bis dahin zu verkürzen, hat sich der Clarenhof etwas Süßes ausgedacht: unzählige knallrote Erdbeeren, die genauso lecker schmecken, wie sie duften, und die ebenfalls zum Selbstpflücken – und Naschen – einladen. Letzteres ist hier ausdrücklich erwünscht. Und das Beste: Je mehr süße Beeren man am Ende in seinem Körbchen hat, desto günstiger wird der Kilopreis. Beste Voraussetzungen, um für einen wunderschönen Nachmittag mit dem Lieblingsmenschen im Pflück-Glück zu schwelgen.

NOTIZEN
LIEBLINGSMENSCHEN UNTERWEGS

....
....
....
....
....
....
....
....
....
....
....
....
....
....
....
....
....
....
....
....
....
....
....
....
....
....
....
....
....
....
....
....

ZEHN TIPPS

FÜR RICHTIG LANGE BLUMENFREUDE

➤➤ bei langen Wegen Stiele mit feuchtem Papier umwickeln lassen

➤➤ Papier um den Strauß schützt vor Schäden durch zu niedrige Temperaturen

➤➤ Stiele mit einem Messer mindestens drei Zentimeter kürzen

➤➤ Blumen mit harten Stielen kurz unter kochendes Wasser halten, um die Wasseraufnahme zu verbessern

➤➤ ausreichend große Vase benutzen, damit die Stiele nicht gequetscht werden

➤➤ handwarmes Wasser verwenden

➤➤ Blätter, die ins Wasser ragen, abzupfen, um Fäulnis zu vermeiden

➤➤ Wasser alle zwei bis drei Tage wechseln

➤➤ nicht in die pralle Sonne oder direkt an einen Heizkörper stellen

➤➤ unmittelbare Nähe zu Obst vermeiden, da dieses Ethylen abgibt; das Gas fördert das Aufblühen und damit das schnellere Verwelken von Blumen

TIPP

DEN STADTSTRAND GENIESSEN

SONNENSCHEINETAGE IN DER INNENSTADT

An St. Agatha 19–25, 14. Etage (linker Fahrstuhl), 50667 Köln
www.sonnenscheinetage.de
ÖPNV: Haltestelle Neumarkt oder Heumarkt

Achtung, Ohrwurm-Gefahr! »Und wenn ich nicht hier bin, bin ich auf'm Sonnendeck …« – oder auf der Sonnenscheinetage, Kölns höchster Adresse für entspanntes Beachfeeling. Um das zu genießen, muss man nicht in den Flieger steigen, sondern einfach nur in den Aufzug des Galeria-Parkhauses in der Innenstadt. Auf den Knopf für die 14. Etage drücken – und schon kann der kleine Urlaub zwischendurch beginnen, getreu dem Motto der Sonnenscheinetage-Crew: »Rauffahren zum Runterkommen«.

Bewaffnet mit Flip-Flops, Sonnenbrille und natürlich dem Lieblingsmenschen kann man hier über den Dächern Kölns am wohl ungewöhnlichsten Stadtstrand der Republik stundenlang in der Sonne liegen, der chilligen Musik lauschen und dabei völlig vergessen, dass man sich in der Domstadt und nicht in einem Beachclub am Meer befindet. Alles, was es zum Wohlfühlen braucht, sind 30 Tonnen feinster weißer Kies, gemütliche Liegestühle, kuschelige Strandkörbe, ein paar Palmen und der atemberaubende Blick aufs Kölner Häusermeer. Und natürlich auf den Dom. Dazu gibt es Bier aus Spanien, Südamerika und Köln, diverse Weine und Cocktails sowie leckere Snacks wie Sandwiches, Fruit Bowls oder Quinoa-Salat – perfekt für die kleine Shoppingpause mit der besten Freundin. Denn auch dafür ist der Stadtstrand direkt an der Schildergasse bestens geeignet. Einfach mal die Einkaufstüten abstellen und sich gemeinsam über die geshoppten Schnäppchen und die Auszeit in der eigenen Stadt freuen.

MIT RHEINBLICK ZELTEN
CAMPINGPLATZ IN KASSELBERG

Kasselberger Weg 101, 50769 Köln
https://campingkasselberg.business.site
ÖPNV: Haltestelle Merkenich, von dort circa 20 Minuten Fußweg

Kurzurlaub in Köln-Kasselberg? Wahrscheinlich wird der Lieblingsmensch, den man dazu einladen möchte, erst einmal etwas irritiert
sein. Denn ein Urlaubswochenende in der eigenen Stadt ist zwar durchaus reizvoll, aber in Kasselberg? Nie gehört! Kasselberg ist ein Mini-
ortsteil im Stadtteil Merkenich und verfügt über einen Campingplatz
direkt am Rhein. Wenn das die Kurzurlaubsbegleitung nicht über-
zeugt! Denn es gibt fast nichts Schöneres und Romantischeres als ein
gemeinsames Zeltabenteuer: den ganzen Tag faul in der Sonne liegen
und endlich einmal Zeit zum Reden haben, bei Sonnenuntergang das
Abendessen grillen und schließlich zusammen unterm Sternenhimmel einschlafen. Gemeinsamzeit vom Feinsten, in der man beim Zelt-
aufbauen sogar noch seine Teamfähigkeit testen kann – die perfekte
Übung für all diejenigen, die sich noch nicht allzu lange gegenseitig
»Lieblingsmensch« nennen.

In Kasselberg kommt zudem noch die einmalige Lage hinzu: Gezel-
tet wird fast direkt am Rheinstrand auf einer Wiese zwischen hohen
Bäumen, auf der man auch in der Hochsaison immer ein lauschiges
Plätzchen findet. Hier kann man stundenlang vor seinem Zelt sitzen,
den vorbeifahrenden Schiffen winken und einfach mal das Nichtstun
genießen. Wen das nicht müde genug macht, der unternimmt einen
nächtlichen Mondschein-Spaziergang am Rhein und lauscht dem leisen,
gleichmäßigen Klang der Wellen. Endlich müde? Dann ab ins Zelt zum
Lieblingsmenschen und vom nächsten gemeinsamen Urlaub direkt vor
der Haustür träumen.

MEINE EINE-NACHT-IM-ZELT-PACKLISTE

➤➤ Nicht vergessen:

Taschenlampe und Campinglaterne zum Hängen
Isomatte oder Luftmatratze
Decke oder Schlafsack und Kissen
kleiner Campingkocher
Streichhölzer oder Feuerzeug
Instantkaffee, Milch und Zucker
Campinggeschirr, Töpfe und Besteck
Verpflegung
warmer Pullover und dicke Socken
Schlafkleidung
Waschbeutel
kleines Erste-Hilfe-Set mit Mückensalbe, Zeckenzange,
Pflaster und Ähnlichem
Ersatz-Akku fürs Handy
Handtücher, Waschlappen, Geschirrhandtücher und
Spülmittel
ausreichend Wasser zum Trinken, Kochen und Waschen

TIPP

IN DER LUXUSLIMOUSINE FÄHRT JEDER GERNE MIT.

ABER DU BRAUCHST MENSCHEN,

DIE MIT DIR BUS FAHREN,

WENN DIE LIMOUSINE LIEGEN BLEIBT.

(OPRAH WINFREY, US-AMERIKANISCHE TALKSHOW-MODERATORIN)

EINFACH MAL
GANZ VIEL ZEIT HABEN
DIE HALBINSEL AM KATZENBUCKEL

Nähe Hafenstraße/Mühlheimer Hafen
ÖPNV: Haltestelle Windmühlenstraße

Was gibt es Schöneres, als jede Menge Zeit zu haben und diese mit dem Menschen zu verbringen, den man am liebsten mag? Mit dem man stundenlang reden, aber auch genauso gut einmal schweigen kann. Wer jemandem seine Zeit zum Geschenk macht, braucht einen besonderen Ort, an dem er diese mit dem Lieblingsmenschen verbringen kann. Ein solcher Ort ist die Halbinsel am sogenannten Katzenbuckel in Mülheim. Die kleine Brücke, deren halbrunde Form ihr den Spitznamen gab, verbindet den Mülheimer Hafen mit einer Rheinhalbinsel, auf der es nichts gibt außer ganz viel Grün und drum herum zahlreiche alte Industriebauten. Deshalb verirren sich nicht viele Menschen hierher – der perfekte Ort also, um einfach mal ein paar Stunden oder vielleicht sogar einen ganzen Tag lang Zeit zu haben. Zeit, um mit seinem Kind Schiffe zu zählen oder Steine in den Rhein zu werfen, Zeit, um mit der Oma bei einem Kaffee-und-Kuchen-Picknick in Erinnerungen zu schwelgen oder um mit der großen Liebe bei Sonnenuntergang von der Zukunft zu träumen.

Wie auch immer man hier seine Zeit verbringt – der Rhein und der großartige Blick vom Katzenbuckel auf den Dom sind inklusive. Ebenso die Ruhe, die höchstens einmal vom leisen Getucker der Lastkähne oder dem Geschrei der Möwen unterbrochen wird. Hier stört nichts beim Zeithaben. Wer sich dabei etwas die Füße vertreten möchte, spaziert auf die 180 Meter lange weiße Fußgängerbrücke, von der aus man einen Panoramablick auf die Skyline Kölns hat.

IN DEN SONNENUNTERGANG RUDERN

KALSCHEURER WEIHER

Äußerer Grüngürtel/Zollstocker Weg, 50769 Köln
www.kalscheurer-weiher.de
ÖPNV: Haltestelle Oberer Komarweg

Ein kleiner See, ein noch kleineres Boot und mit an Bord: eine gute
Flasche Wein, ein leckeres Picknick und jede Menge Romantik. Denn
die Tour mit dem persönlichen Traumschiff(chen) unternimmt man
mit dem Lieblingsmenschen am besten im Schein der untergehenden
Sonne, die sich auf der Oberfläche des Kalscheurer Weihers spiegelt.
Dieser liegt etwas versteckt im Äußeren Grüngürtel und ist nicht ganz
so angesagt wie der nahe Decksteiner Weiher – und gerade deshalb
bestens geeignet für einen Sonnenuntergangstrip im Tret- oder Ruder-
boot. Denn auf dem See gibt es immer ein einsames Plätzchen, das sich
für ein entspanntes Picknick oder Plauderstündchen anbietet: Man
lässt sich sanft von den Wellen treiben, lehnt sich zurück und schaut
in den Abendhimmel. Ab und zu schwimmt eine Ente vorbei, in der
Hoffnung, etwas vom Picknick abzustauben.

Wie lange man auf dem verwunschenen Weiher verweilen und die
besondere Atmosphäre genießen möchte, bleibt einem selbst über-
lassen. Denn der Bootsverleih hat bis nach Einbruch der Dunkelheit
geöffnet – lange genug also, um jede Menge Gemeinsamzeit zu genießen und die Welt um sich herum für eine Weile zu vergessen. Auf dem
Kalscheurer Weiher ist man der Natur – und sich selbst – näher als der
Großstadt. Dafür sorgen die zahlreichen Wasservögel sowie die großen,
alten Bäume. Vor allem im Herbst, wenn deren orangerote Blätter mit
der untergehenden Sonne um die Wette leuchten, ist hier einer der
schönsten Plätze für eine Bootsfahrt mit dem Lieblingsmenschen.

DIE STADT VON OBEN SEHEN
FAHRT IM HEISSLUFTBALLON ÜBER KÖLN

Infos zu den Fahrten und Buchung unter
www.aeronautic.de

Im Allgemeinen sind Körbe nichts, worüber man sich freut. Im Besonderen aber schon. Und zwar dann, wenn man in einem ebensolchen mit dem Lieblingsmenschen über die Lieblingsstadt schwebt und dabei dem siebten Himmel ganz nah kommt. Zugegeben, ganz günstig ist eine solche Ballonfahrt nicht, aber das Kribbeln im Bauch, wenn der Korb langsam abhebt, und die einmalige Aussicht über Köln und das Umland sind unbezahlbar.

Die Tour, die ganz neue Perspektiven eröffnet, startet in einem der schönsten Parks der Stadt, dem Forstbotanischen Garten. Die genaue Route kann aus wettertechnischen Gründen immer erst am Tag des Fluges festgelegt werden. Wohin auch immer sie führt – eines wird sie sicher sein: unvergesslich. In Augenhöhe mit Dom und Colonius entdeckt man seine Stadt ganz neu: Altbekanntes, nie Gesehenes, das bunte Treiben in den Straßen. Hand in Hand mit dem Lieblingsmenschen genießt man die Aussicht und das einmalige Gefühl, wenn der Heißluftballon immer höher in Richtung Wolken steigt, bis er schließlich ganz ruhig über der Landschaft schwebt. Ein ebenso unbeschreibliches wie unvergessliches Erlebnis, das man am liebsten für immer festhalten möchte. Und dennoch heißt es nach rund einer Stunde, die – im wahrsten Sinne des Wortes – wie im Flug vergangen ist: Zeit für die Landung. Diese wird mit einem kleinen Umtrunk und einer traditionellen Zeremonie gefeiert, bei der die Gäste in den Adelsstand der Ballonfahrer erhoben werden – neuer, adeliger Name und Urkunde inklusive.

FÜNF LIEBLINGSPLÄTZE MIT AUSSICHT

➤➤ km 689 Cologne Beach Club (Rheinparkweg, 50679 Köln)
Perfekt für …
… Urlaubsfeeling unter Palmen
… ein kühles Kölsch mit Domblick

➤➤ Osman 30 (Im Mediapark 8, 50670 Köln)
Perfekt für …
… ein Candle-Light-Dinner über den Dächern Kölns
… frisch Verliebte und lang Verheiratete

➤➤ Sticky Fingers (Kennedy-Ufer 2 a, 50679 Köln)
Perfekt für …
… leckeres Streetfood direkt am Rhein
… eine nette Mittagspause mit dem Lieblingskollegen

➤➤ Bootshaus Alte Liebe (Rodenkirchener Leinpfad, 50996 Köln)
Perfekt für …
… den Kaffeeklatsch mit der (Schwieger-)Mama
… einen entspannten Nachmittag auf dem Rhein

➤➤ Sky Lounge (Savoy Hotel, Turiner Straße 9, 50668 Köln)
Perfekt für …
… einen coolen Sommerabend unterm Sternenhimmel
… Fans von Cocktails und Panoramablick

TIPP

INSTAGRAM
#LIEBLINGSMENSCHENUNTERWEGS

IHR ENTDECKT MIT DIESEM BUCH EURE STADT NEU?
DANN VERLINKT EUCH UND EUREN LIEBLINGSMENSCHEN
AUF INSTAGRAM:

#LIEBLINGSMENSCHENUNTERWEGS
#LIEBLINGSMENSCHENKÖLN

EIN PICKNICK IM PARK MACHEN
SCHLOSS PAFFENDORF IN BERGHEIM

Burggasse, 50126 Bergheim
Picknickkörbe buchbar unter info@schlosspaffendorf.de
www.schlosspaffendorf.de

Unweit der Kölner Stadtgrenze steht ein wahres Märchenschloss – das Wasserschloss Paffendorf, erbaut um 1531. Umgeben von einem verwunschenen Park lädt es zum Spazieren und Träumen ein. Davon, wie es wohl gewesen wäre, einst in diesem wunderschönen Schloss zu leben. Eine Zeitreise ist zwar nicht möglich, sich für einen Tag wie ein Prinz oder eine Prinzessin zu fühlen hingegen schon – dank der Sommerpicknicks im Schlosspark. Diese finden samstags und sonntags vormittags statt und sind eine ideale Mischung aus romantischem, köstlichem und einzigartigem Event. Also den Lieblingsmenschen schnappen, und ab geht es in Richtung Bergheim.

Ein Picknickkorb kann im Vorfeld in der Brasserie des Schlosses bestellt werden. Er enthält neben Besteck und Geschirr für zwei alles, was man für ein paar schöne Stunden im Schlosspark braucht. Zur Wahl stehen eine klassische und eine vegetarische Korb-Variante. Außerdem gibt's für Premium-Picknicker die Deluxe-Edition mit Räucherlachs, Piccolos und anderen Leckereien, die man im Schatten jahrhundertealter Mammutbäume vor traumhafter Schlosskulisse genießt. Bleiben darf man, so lange man will und bis man beim After-Picknick-Spaziergang jeden der schmalen Pfade mindestens einmal gegangen ist. Nicht verpassen sollte man dabei einen Abstecher zu der kleinen Moorfläche und den vielen seerosenbewachsenen Teichen, in denen sich das Schloss spiegelt. Wenn man darin schon nicht gewohnt hat, so hat man immerhin mit dem Lieblingsmenschen in dessen Park gepicknickt.

EINEN ÜBERRASCHUNGS-KOFFER ERSTEIGERN
FLUGHAFEN KÖLN/BONN

Flughafen Köln/Bonn
Kennedystraße, 51147 Köln
www.koeln-bonn-airport.de

Wenn einer eine Reise tut, dann kann er nicht nur viel erzählen, sondern auch viel verlieren: Vom Koffer mit allem, was man für einen dreiwöchigen Familienurlaub braucht, über die Reisetasche mit Souvenirs für die Liebsten bis hin zu Laptop, Handy & Co. Wenn diese Dinge zwar vermisst, aber nicht im Fundbüro am Flughafen abgeholt werden, freut sich der Dritte. Beziehungsweise der Dritte und der Vierte, denn gemeinsam mit dem Lieblingsmenschen macht eine Versteigerung gleich doppelt so viel Spaß.

Hat man sich einen Koffer ausgeguckt, dessen Inhalt hoffentlich genauso vielversprechend ist wie sein Äußeres, heißt es: bieten! Und vor allem: Was ist drin im verlorenen Urlaubsgepäck? Die Spannung kommt bei dieser ungewöhnlichen Versteigerung nicht zu kurz. Ebenso wenig der Spaß, wenn die Mitbieter mit hochkonzentrierter Miene ihre Kärtchen in die Luft halten, als ginge es um einen echten Picasso. Oftmals ist das, was der Koffer enthält, aber das genaue Gegenteil, und man weiß auf den ersten Blick, warum der Besitzer sein Gepäckstück am Flughafen »vergessen« hat. Gemeinsam wird dann darüber spekuliert, wer dieser Besitzer wohl war, woher er mit seinem Koffer kam, oder wohin er wollte. Und warum in aller Welt er so viel kitschig-kurioses Zeug mit sich herumgeschleppt hat. Der Erlös der Versteigerung kommt übrigens einer wohltätigen Kölner Einrichtung zugute – daher lohnt sich jeder gebotene Cent, auch wenn manche Kofferinhalte keinen einzigen wert sind.

EINEN ORIENTALISCHEN WELLNESSTAG VERBRINGEN
HAMAM KÖLN

Holunderweg 75, 50858 Köln
www.hamam-koeln.de
ÖPNV: Haltestelle Mohnweg

Wenn das Fernweh groß, der nächste Urlaub aber noch weit ist, lohnt ein kleiner Ausflug nach Junkersdorf, der ein entspannendes 1001-Nacht-Erlebnis verspricht – auch wenn es auf den ersten Blick nicht so aussieht. Denn das Hamam Köln befindet sich in einem Mehrfamilienhaus, das eher unscheinbar als orientalisch wirkt. Zumindest von außen. Denn innen erwartet die Besucher eine entspannende Wohlfühlatmosphäre, die einen fast vergessen lässt, dass man sich in einem Kölner Wohngebiet und nicht in der Altstadt von Marrakesch befindet: Gedämpfte Musik, warme Erdtöne und exotische Gerüche verwöhnen bereits beim Eintreten die Sinne und sorgen dafür, dass man sich sofort willkommen fühlt. Dazu trägt auch das herzliche und engagierte Team bei, das Hamam-Neulingen den Ablauf der Anwendung genau erklärt.

Dieser folgt einem festen Ritual und startet im auf Körpertemperatur beheizten Vorraum mit einem Glas türkischem Tee, den man gemeinsam mit dem Lieblingsmenschen und eingehüllt in ein traditionelles Pestemal, ein leichtes Baumwolltuch, genießt. Anschließend geht es ins Dampfbad – ein einzigartiges Verwöhnerlebnis für Körper und Geist. Umhüllt von angenehmer Hitze und hoher Luftfeuchtigkeit liegt man auf dem warmen Steinboden und entspannt einfach nur. Bei der folgenden ersten Waschung wird schwarze Olivenseife auf den ganzen Körper aufgetragen, die die Poren öffnet und die Haut optimal auf das sanfte Peeling vorbereitet, das nach einem zweiten kurzen

Dampfbadgang folgt. Der krönende Abschluss der traditionellen Hamam-Behandlung ist ein samtig weicher Schaum-Traum, der die Haut noch einmal reinigt und ihr zu einer unvergleichlichen Zartheit verhilft. Anschließend fühlt man sich tiefenentspannt und wie neu geboren.

Wem das noch nicht reicht, der hat die Möglichkeit, verschiedene Zusatzbehandlungen zu wählen wie ein Anti-Aging-Salzpeeling, eine Gesichtsbehandlung mit traditionellem Heilschlamm oder ein Kneippsalz-Fußbad. Ebenfalls angeboten werden orientalische Ganzkörpermassagen, während deren man, begleitet von ruhigen Klängen und dem Duft von Argan- und Mandelöl, für eine Weile wegdämmern und

dem Alltag entfliehen kann. Nach den Behandlungen lädt die Orientlounge des Hamam Köln zu türkischem Tee und netten Gesprächen mit dem ebenfalls tiefenentspannten Lieblingsmenschen ein – oder einfach nur zum Dasitzen, Genießen und weiter Entschleunigen. Und natürlich zum gegenseitigen Bewundern der samtig weichen Babyhaut.

Das Hamam in Junkersdorf bietet seine Anwendungen an fünf Tagen die Woche exklusiv für Frauen an, donnerstags und freitags kommen auch Paare und Männer in den Genuss des orientalischen Wohlfühlprogramms.

Außerdem ist es möglich, Gruppenanwendungen oder Wellnesspakete für eine Mindestteilnehmerzahl von fünf Entspannungssuchenden zu buchen. Bis zu dreieinhalb Stunden dauern die speziellen Sitzungen, bei denen man von Kopf bis Fuß verwöhnt wird und sicherlich keinen Gedanken mehr an den nächsten Urlaub verschwendet. Denn wer braucht schon Marrakesch oder Istanbul, wenn man mit der Linie 1 ganz schnell in Junkersdorf ist.

MIT DEM LIEBLINGSMENSCHEN

*Zusammen
kreativ werden*

EINEN BARISTA-KURS BESUCHEN
KAFFEEMANUFAKTUR HEILANDT

Girlitzweg 30 – Tor 5, 50829 Köln
www.heilandt.de
ÖPNV: Haltestelle Technologiepark Müngersdorf

Gibt es etwas Schöneres, als bei einer duftenden Tasse Kaffee mit einem netten Menschen stundenlang über Gott und die Welt zu sprechen? Ja, gibt es: Dafür nicht mal die eigenen vier Wände verlassen zu müssen – zum Beispiel, wenn es drinnen mal wieder gemütlicher ist als das Kölner Wetter draußen. Denn um einen richtig guten Cappuccino oder einen perfekten Espresso zu genießen, muss man weder ins Café gehen noch Profi-Barista sein. Es reicht, wenn man jemanden kennt, der einen in die Kunst des Kaffeemachens einweiht.

Alles, was es dazu braucht, ist das richtige Equipment, hochwertige Kaffeebohnen und ein wenig Zeit – und die ist in die Kurse der Kölner Kaffeemanufaktur Heilandt gut investiert. Kaffeefans erfahren hier in geselliger Runde nicht nur alles über Herkunft und Anbau der leckeren Bohnen, sondern auch darüber, wie man diese perfekt zubereitet. Neben einem Einsteigerkurs für angehende Hobby-Baristas gibt es auch ein Seminar zum oftmals verpönten Filterkaffee, der meist sehr viel besser ist als sein Ruf. Hier darf nach Herzenslust gerochen, geschmeckt, gefiltert und gebrüht werden – ebenso wie beim beliebten Latte-Art-Kurs, bei dem man lernt, wie man den Kaffee besonders liebevoll zubereitet. Verziert mit Herzchen, Wolken und anderen Motiven schmeckt der doch gleich noch besser. Und auch die Frage beim nächsten Date »Kommst du noch auf einen Kaffee mit hoch?« klingt mit einem nachgeschobenen »Ich habe nämlich ein Zertifikat im Milchschaumgießen« direkt etwas weniger verfänglich.

KOSMETIK AUS KRÄUTERN HERSTELLEN
WILDKRÄUTEREI

Dürener Straße 420, 50858 Köln
www.wildkraeuterei-koeln.de
ÖPNV: Haltestelle Stüttgenhof oder Eichenstraße

Wer das erste Mal die Wildkräuterei in Junkersdorf besucht, wird wahrscheinlich überrascht sein. Hier, wo der Verkehr der Dürener Straße tobt, zwischen Tankstellen, Hochhäusern und Bürogebäuden, sollen Wildkräuter wachsen? Klingt komisch, ist aber so. Mit ihrer Wildkräuterei hat sich Kräuterpädagogin Mica Frangenberg ein kleines Paradies mitten in der Stadt geschaffen – und zwar ein Paradies für alle Sinne: Das Grün der großen, verwunschen-verwilderten Wiese beruhigt und lässt einen abschalten. Man fühlt sich wie Heidi auf der Alm. Dazu leises Vogelgezwitscher und das Summen Hunderter Bienen und anderer Insekten. Und über allem der würzige Duft von Blumen und wilden Kräutern.

Das 4.000 Quadratmeter große Areal ist ein Paradies für jeden Städter, der das urbane Leben für einen Tag hinter sich lassen und gemeinsam mit einem Lieblingsmenschen in die geheimnisvolle Welt der Kräuter abtauchen möchte. Davon gibt's in Mica Frangenbergs Wildkräuterei mehr als genug: Über 200 verschiedene Wildkräuter und -pflanzen wachsen hier, und mit denen lässt sich einiges mehr machen als »nur« zu kochen. Daher bietet die Kräuterpädagogin neben verschiedenen kulinarischen Workshops zu Themen wie Suppen, Salate oder Dips – bei denen die Kräuterzutaten natürlich selbst gesucht und gesammelt werden – auch Kosmetik-Seminare an. Je nachdem, ob der Basis- oder der Intensivkurs gewählt wird, dauern diese zwischen drei und sechs Stunden. Aber eigentlich ist das auch ganz egal, denn

wenn die Referentin von »ihren« Kräutern spricht, vergisst jeder Teilnehmer die Zeit und will am liebsten sofort mit dem Anrühren von Cremes und Co. anfangen. Doch zuerst wird gesammelt – natürlich unter Anleitung der Expertin, die genau weiß, welche Kräuter und Heilpflanzen wofür gut sind. Für den praktischen Teil geht's dann nach drinnen in den gemütlichen Seminarraum, von dem aus man direkten Zugang zum Garten hat – falls mal eine wichtige Zutat vergessen wurde. In Zweiergruppen werden Schritt für Schritt verschiedene Kosmetikprodukte hergestellt, die immer zur jeweiligen Jahreszeit passen: ein erfrischendes Gesichtswasser für heiße Tage, eine nährende Body-Butter für trockene Winterhaut oder eine pflegende Deocreme.

Egal, um welches Produkt es sich handelt, sie alle haben eines gemeinsam: Sie tun nicht nur der Haut, sondern auch der Umwelt gut, denn sie kommen völlig ohne chemische Zusatzstoffe, Mineralöle oder Mikroplastik aus. Außerdem sind sie – wenn man den Dreh einmal raushat – gar nicht so kompliziert herzustellen und damit das perfekte Do-it-yourself-Geschenk für die beste Freundin oder die (Schwieger-)Mutter. Wer auf den Geschmack gekommen ist, kann sich in der Wildkräuterei auch selbst zur Kräuterpädagogin ausbilden lassen. Oder aber einfach jedes Wochenende einen neuen Kurs besuchen und sich immer wieder über das kleine grüne Paradies zwischen Hochhäusern und Tankstelle freuen, das der hektischen Städterseele so gut tut wie ein kleiner Urlaub.

LECKERE WILDKRÄUTERKÜCHE

➤➤ Löwenzahngelee

200 Gramm Löwenzahnblüten vom Grün befreien, gründlich waschen, mit einem Liter Wasser aufkochen und fünf Minuten kochen lassen. Den Sud 24 Stunden ziehen lassen, anschließend durch ein Tuch abgießen. Saft einer Zitrone und 500 Gramm Gelierzucker hinzufügen und alles unter Rühren aufkochen lassen. Vier Minuten kochen, in Schraubverschlussgläser geben und diese sofort verschließen. Fertig!

➤➤ Bärlauchpesto

150 Gramm gewaschenen, grob gehackten Bärlauch, drei Esslöffel Olivenöl und einen halben Teelöffel Salz mit dem Pürierstab zu einem leckeren Pesto verarbeiten. Übrigens: 100 Gramm Bärlauch decken den Tagesbedarf an Vitamin C und enthalten außerdem jede Menge Magnesium und Eisen.

TIPP

EINE FOTOSESSION MACHEN
SELFIEWERKE IN DER SÜDSTADT

Mechtildisstraße 7, 50678 Köln
www.selfiewerke.de
ÖPNV: Haltestelle Severinstraße

Ein Bild sagt mehr als 1.000 Worte und ist die wohl schönste Erinnerung an einen ganz besonderen Lieblingsmenschen. Ob von der besten Freundin, der großen Liebe oder der ganzen Familie – Fotos kann man nie genug haben, denn sie halten unvergessliche Menschen und Momente für immer fest.

Die Selfiewerke in der Südstadt sind Kölns erstes professionelles Fotostudio für die beliebten Selbstporträts. In entspannter Atmosphäre ist man hier nicht nur völlig unter sich, sondern dank Fernauslöser auch sein eigener Fotograf. Dafür stehen einem neben Profi-Equipment verschiedene Lichtsettings, Kulissen und Requisiten zur Verfügung, mit denen man sich nach Herzenslust austoben kann. Wie wäre es zum Beispiel mit einem Freundinnen-Shooting im rosa Bällebad, stilvoll arrangiert in einer frei stehenden weißen Badewanne? Oder lieber ein Schnappschuss mit dem besten Kumpel vor der Windmaschine? Zur eigenen Musik tanzen, wild herumhüpfen, sich ganz fest drücken oder laut zusammen lachen – all das ist hier ausdrücklich erwünscht. Und dank des superschnellen Autofokus werden alle Motive richtig schön scharf.

Geknipst werden darf so viel, wie man in der vorab gebuchten Zeit schafft. Für Eilige gibt es 20-Minuten-Slots, wer lieber mehr Zeit haben möchte, kann auch eine volle Stunde bleiben. Nach dem Shooting wählt man in Ruhe seine Lieblingsbilder aus und nimmt diese – gegen eine geringe Bearbeitungsgebühr – ganz unkompliziert auf einem USB-Stick mit nach Hause oder druckt sie direkt vor Ort aus.

URBAN GARDENING MITTEN IN KÖLN BETREIBEN
PROJEKT NEULAND

Zwischen Koblenzer, Schönhauser und Alteburger Straße, 50968 Köln
www.neuland-koeln.de
ÖPNV: Haltstelle Schönhauser Straße

Ein gemeinsames Hobby verbindet – warum also nicht zusammen mit dem Lieblingsmenschen gärtnern und eigenes Obst und Gemüse anbauen. Das ist nachhaltig, macht Groß und Klein Spaß und ist sooo entspannend. Perfekt, um für ein paar Stunden dem hektischen Großstadtleben zu entfliehen.

Apropos Großstadt: kein eigener Garten vorhanden, wie das nun mal in Großstädten manchmal der Fall ist? Kein Problem, dank des Projekts NeuLand kann jeder gärtnern beziehungsweise gärtnern lernen. Der Gemeinschaftsgarten liegt mitten in Bayenthal und ist eine grüne Oase zwischen grauen Gebäuden und viel befahrenen Straßen. Ein Garten mitten in der Stadt – und für die Stadt. Denn mitmachen kann hier wirklich jeder, und das sogar kostenlos. Einzige Voraussetzung: ein wenig Zeit und ganz viel Lust auf Säen, Pflanzen, Harken, Ernten und In-der-Erde-Wühlen. Und das alles zusammen mit dem Lieblingsmenschen und mit vielen hilfreichen Tipps der anderen NeuLand-Gärtner. Die helfen Einsteigern gern bei den Garten-Basics, weihen in die Geheimnisse des perfekten Erdbeerstandorts ein und helfen bei allen Fragen rund ums Gärtnern. Dass das Spaß macht und einen – im wahrsten Sinne des Wortes – erdet, merkt man spätestens, wenn man das selbst angepflanzte Obst oder Gemüse das erste Mal erntet und probiert – und das Gefühl hat, die Kartoffel schmeckt ein wenig kartoffeliger und die Erdbeere noch ein wenig erdbeeriger als die Supermarktware. Vielleicht, weil sie mit viel Liebe (und dem

Lieblingsmenschen) angebaut, gehegt und gepflegt wurde. Wer sich darüber hinaus im NeuLand-Garten einbringen möchte, ist mit seinem Wissen und seiner Arbeitskraft herzlich willkommen, denn es gibt immer etwas zu tun: neue Bewässerungssysteme entwickeln, ausgefallene Gemüsesorten züchten oder Pflanzgefäße bauen. Letz-

tere sind übrigens wie alles im Garten beweglich. Gepflanzt wird nicht in die Erde, sondern in mobile Kästen, Kübel und Säcke. Sollte das brach liegende Gelände in Bayenthal einmal bebaut werden, zieht der Gemeinschaftsgarten einfach mit Sack und Pack um. Im Gepäck ist dann auch das ebenfalls transportable Gartencafé, in dem zusammen gekocht werden kann – natürlich mit den selbst angebauten NeuLand-Produkten. Wer auf den Geschmack gekommen ist, kann sein Gartenwissen bei den regelmäßig stattfindenden Workshops und Kursen vertiefen oder sich an einer der Arbeitsgemeinschaften beteiligen. Aber natürlich ist es ebenso möglich, einfach nur ein wenig Landleben in Köln zu genießen, die Füße hochzulegen und sich an dem vielen Grün, den duftenden Blumen und dem Summen der Bienen zu erfreuen, die im Gemeinschaftsgarten ein neues Großstadt-Zuhause gefunden haben.

Und wenn man nach getaner Arbeit oder einem entspannten Faulenzer-Nachmittag mit dem Lieblingsmenschen »seinen« Garten verlässt, dann ist man einfach nur glücklich. Glücklich über die intensive Gemeinsamzeit, die von der Erde dreckigen Hände und den mit Bayenthaler Beeren vollgeschlagenen Bauch – und darüber, dass man bald wiederkommen kann, in diese grüne Idylle zwischen grauen Häusern und viel befahrenen Straßen.

REGIONAL UND SAISONAL EINKAUFEN: WANN WÄCHST WAS BEI UNS IN KÖLN?

Äpfel: ➤➤ August–Oktober
Aprikosen: ➤➤ Juni–September
Birnen: ➤➤ Juli–Oktober
Brokkoli: ➤➤ Juni–Oktober
Erbsen: ➤➤ Juni–August
Erdbeeren: ➤➤ Mai–Juli
Feldsalat: ➤➤ Januar–März, Oktober–Dezember
Grünkohl: ➤➤ Januar, November–Dezember
Heidelbeeren: ➤➤ Juni–Oktober
Himbeeren: ➤➤ Juni–August
Kartoffeln: ➤➤ Juni–Oktober
Kirschen: ➤➤ Juni–September
Kohlrabi: ➤➤ April–September
Kopfsalat: ➤➤ Juni–September
Möhren: ➤➤ Juni–Oktober
Pfirsiche: ➤➤ Mai–September
Pflaumen: ➤➤ Juni–Oktober
Porree: ➤➤ August–Dezember
Radieschen: ➤➤ April–Juli
Rettich: ➤➤ Juni–September
Rhabarber: ➤➤ März–Juli
Rosenkohl: ➤➤ Januar, September–Dezember
Rote Bete: ➤➤ Januar–März, September–Dezember
Rotkohl: ➤➤ Januar–März, September–Dezember
Spargel: ➤➤ März–Juni
Spinat: ➤➤ April–Oktober
Tomaten: ➤➤ Juli–September
Weißkohl: ➤➤ Januar–März, September–Dezember

TIPP

DAS LIEBLINGSPARFUM KREIEREN

4711-DUFTSEMINARE

Glockengasse 4, 50667 Köln
www.4711.com/dufthaus
ÖPNV: Haltestelle Appellhofplatz

»Jemanden riechen können« oder ihn, beziehungsweise sie, »richtig dufte finden«. Auf wen passen diese Aussagen wohl besser als auf den Lieblingsmenschen?

Aus diesem Grund – und weil Liebe nicht nur durch den Magen, sondern auch durch die Nase geht – bietet das Kölner Traditionshaus 4711 Duftseminare an, in denen ein individuelles Parfum kreiert werden kann. Zudem erhalten die Teilnehmer einen Einblick in das spannende Handwerk eines Parfumeurs und die Geschichte der Kölner Kult-Marke 4711. So erfahren sie zum Beispiel, dass deren Klassiker, das Kölnisch Wasser, seit über 200 Jahren in fast unveränderter Rezeptur hergestellt wird und sogar aromatherapeutische Wirkungen hat. Anschließend darf nach Herzens- beziehungsweise nach Nasenlust geschnuppert, gemischt und experimentiert werden. Aus über 20 Apothekerflaschen mit ätherischen Ölen können die Nachwuchsparfumeure ihren ganz besonderen Duft kreieren. Zur Auswahl stehen Klassiker wie Zitrone, Lavendel oder Vanille, aber auch ausgefallene Öle aus Basilikum, rosa Pfeffer und Rosmarin. Pipette für Pipette entwickelt man unter fachmännischer Anleitung einen Duft, der zwei Menschen hoffentlich lange begleitet und sie an ihre besondere Verbindung erinnert. Ob Beste-

Freundinnen-Parfum, individueller Unisex-Duft oder ein Geschenk zum Muttertag: Am Ende nimmt man das dufte Ergebnis mit nach Hause und kann sich sicher sein, dass der Inhalt des kleinen Sprühflakons genauso unvergleichlich ist wie der Mensch, mit dem man ihn gezaubert hat.

EIN MICRO-TATTOO STECHEN LASSEN

STUDIO NOSINTU ESTHETICS

Albertusstraße 55, 50667 Köln
nosintu-esthetics.com
ÖPNV: Haltestelle Friesenplatz

In der Albertusstraße in der Kölner Innenstadt gehen Liebe und Freundschaft (fast) unter die Haut. Tattoo-Artist Nosintu Runa Joy Mdluli erschafft in ihrem Studio kleine, aber feine Haut-Kunstwerke, sogenannte Micro-Tattoos. Die Motive im XXS-Format sind bis zu einen

Zentimeter groß beziehungsweise klein und damit perfekt geeignet für die Initialen des Lieblingsmenschen oder ein schönes Beste-Freundinnen-Tattoo. Ob ein besonderes Symbol, das zwei Menschen verbindet, das Kennenlerndatum, ein kleines Herz oder ein Mini-Spruch – der Phantasie sind keine Grenzen gesetzt. Sollte das Wunschmotiv einmal nicht möglich sein, findet man gemeinsam mit der sympathischen Nosintu schnell eine schöne Alternative. Die wird dann mit viel Hingabe in perfektionistischer Handarbeit ausgeführt; auf Wunsch kann das Tattoo auch erst einmal mit ablösbarer Tinte auf die Haut gezeichnet werden. Diese hält ein paar Stunden, und man bekommt schnell ein Gefühl dafür, ob Motiv und ausgesuchte Hautstelle wirklich die richtigen sind.

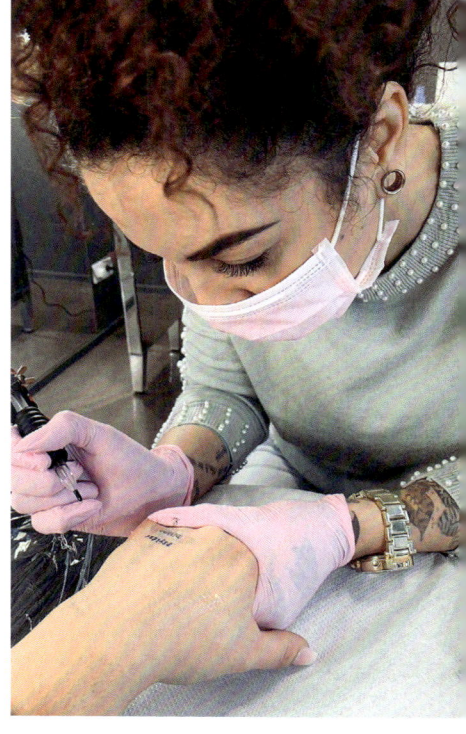

Kleine Angsthasen sind in Nosintus Studio auch an der richtigen Adresse. Denn die Micro-Tattoos sind mit ihrer Größe nicht nur gut vor spießigen Chefs und Schwiegermüttern zu verstecken, sondern tun beim Stechen auch weniger weh als ihre größeren Pendants. Und wenn der gestochene Liebes- oder Freundschaftsbeweis doch mal etwas piekst? Dann gibt's im Anschluss noch eine entspannende Gesichtsbehandlung von Nosintu, denn die ist nicht nur Tattoo-Künstlerin, sondern auch Ganzheitskosmetikerin.

EINEN NÄHKURS BESUCHEN
NÄH-CAFÉ

Kowallekstraße 18, 50677 Köln
www.nähkurs-köln.de
ÖPNV: Haltestelle Ulrepforte

Die Mutter mag das Seidentuch nicht, das man ihr zum Geburtstag geschenkt hat? Die Tasche als Weihnachtsgeschenk für die beste Freundin kam auch nicht so gut an, und die Tochter findet das neue Shirt uncool? Die Lösung dieses Dilemmas lautet: Kölner Näh-Café. Unter professioneller Anleitung einer Designerin näht man hier einfach selbst. Das Näh-Café ist ein Angebot der Freien Akademie Köln, einer privaten Hochschule für Modedesign, und bietet Nähkurse für wirklich jeden an: Ob Kinder, Familien, Freundinnen oder Senioren – beim Lieblingsmenschen, der einen zum Nähkurs begleitet, hat man die freie Wahl. Zusammen geht es in die Südstadt in die Räume der Akademie, die jede Menge Kreativität versprühen. Beste Voraussetzungen also für die ersten eigenen Versuche an der Nähmaschine. Dass die schnell von Erfolg gekrönt sind, dafür sorgen die erfahrenen Kursleiterinnen, die individuell auf die Bedürfnisse und Kenntnisse der Nähneulinge eingehen. Neben vielen Infos und praktischen Tipps gibt es Kaffee und Kekse – und natürlich Nähmaschinen. Mitbringen muss man nur die Lust auf etwas Neues, ein wenig Phantasie sowie Stoff und Garn. Schließlich will man ja am Ende ein ganz persönliches Lieblingsstück in den Händen halten.

Für noch mehr Nähspaß mit den besten Freundinnen sorgen die Nähpartys: Drinks, Snacks, nette Gesellschaft und gute Musik, in deren Takt die Nähmaschinen fleißig rattern. Da entsteht das nächste Geschenk für Mama ganz von allein – und das kommt diesmal sicher richtig gut an.

SO KLAPPT'S MIT DEM DO-IT-YOURSELF-GESCHENK

➤➤ Eine gute (und deshalb etwas teurere) Nähmaschine ist Gold wert.

➤➤ Unbedingt vorm ersten Nähen die Bedienungsanleitung lesen und sich mit der Maschine vertraut machen.

➤➤ Die Stoffschere niemals zum Papierschneiden verwenden, damit sie nicht stumpf wird.

➤➤ Für den Anfang ein nicht zu schweres Nähprojekt wählen.

➤➤ Baumwollstoffe lassen sich am besten verarbeiten, da sie nicht elastisch sind.

➤➤ Mit gebügelten Stoffen näht es sich besser.

➤➤ Die Nadeln der Stoffdicke anpassen oder Universalnadeln verwenden.

➤➤ Ein Sprühstoß Haarspray macht das Fadenende steif und hilft so beim Einfädeln.

➤➤ Krumme Naht? Auf gemusterten Stoffen fällt die kaum auf.

➤➤ Viel zu krumm? Ein Nahttrenner gehört zum Must-have-Equipment.

➤➤ Die Markierung des Schnittmusters immer auf die linke Seite des Stoffes übertragen.

TIPP

HIER IST PLATZ
FÜR EUER LIEBLINGSBILD

#LIEBLINGSMENSCHENUNTERWEGS

EINEN SCHMUCKSCHMIEDE-KURS BESUCHEN

SCHMUCKAKADEMIE

Maria-Hilf-Straße 4, 50677 Köln
www.kempe-schmuckdesign.de
ÖPNV: Haltestelle Chlodwigplatz

Diamonds are a girl's best friend. Das gilt vor allem für diejenigen Girls, die gut betuchte Freunde haben oder selbst genug Geld auf dem Konto. Für alle anderen heißt es: Handgemacht statt hochkarätig – und das ist ja eigentlich viel mehr wert als jeder Diamant der Welt. Möglich machen das die Workshops und Kurse der Kölner Schmuckakademie. In kleinen Gruppen von maximal zwei Paaren können dort die Ringe fürs Leben gemeinsam designt und hergestellt werden – so individuell wie die Geschichte derjenigen, die sie sich beim Jawort gegenseitig anstecken.

Wer mit seinem Lieblingsmenschen noch nicht ganz so weit ist, kann in den Goldschmiedekursen von Schmuckdesignerin und Akademiechefin Katja Kempe natürlich auch Verlobungsringe, Freundschaftsarmbänder, Kettenanhänger oder Ohrringe herstellen. All das in entspannter Atmosphäre und unter professioneller Anleitung. Schritt für Schritt lernen die Teilnehmer, wie aus einer schönen Idee und einem nicht ganz so schönen Klumpen Edelmetall ein Schmuckstück entsteht. Es wird gesägt und gelötet, gebohrt und gefeilt und dabei gespannt zugehört, wenn Katja Kempe von der Kunst des Goldschmiedehandwerks erzählt. Sie bietet übrigens auch Workshops für kleine Schmuckfans an, in denen diese zierliche Feenreifen, große Hiphop-Anhänger oder einen Ring für die allerbeste Freundin fertigen können. An dem prangt dann zwar kein Hochkaräter, aber in ihm steckt ganz viel Herz. Und nur darauf kommt es an.

BONBONS SELBST HERSTELLEN
KAMELLEBÜDCHEN

Alteburger Straße 11, 50678 Köln
Infos zu den Workshops unter www.kamellebuedchen.shop/kurse
ÖPNV: Haltestelle Chlodwigplatz

Auf der Suche nach dem Kamellebüdchen geht es immer der Nase nach, dem unwiderstehlich süßen Geruch hinterher, dann kann man den entzückenden Laden von Kanika Kaltenberg und Stephan Löhr gar nicht verpassen. Und das sollte man auch nicht. Denn das Kamellebüdchen ist ein pastellfarbenes Paradies voll bunter Bonbons, gestreifter Zuckerstangen und tiefschwarzem Lakritz. Und es ist zudem Kölns erste Bonbonmanufaktur. Wie man all diese Leckereien in Handarbeit herstellt, wie der Mini-Dom in die Bonbons oder das Muster in den Lutscher kommt, erfährt man in einem der Workshops, die in dem Ladengeschäft in der Südstadt angeboten werden. Dabei entführen die professionellen Bonbonmacher die Teilnehmer in ihre zuckersüße Welt und zeigen ihnen, wie Bonbons gehackt, Lollis geformt und Zuckerstangen gedreht werden – und wie all das aus einer heißen, klebrigen Zuckermasse entsteht, die nicht halb so lecker aussieht, wie sie am Ende schmeckt. Nach kurzer Einweisung dürfen die Nachwuchs-Bonbonmacher selbst Hand anlegen und sich dabei hinsichtlich Motiv, Farbe und Geschmacksrichtung so richtig austoben.

Ein Bonbon mit den Initialen der besten Freundin? Ein Herzlolli für den Liebsten? Alles ist möglich im Kamellebüdchen, wo auf Wunsch Süßigkeiten sogar mit Fotos verziert werden. Rund anderthalb Stunden dauern die Workshops, an deren Ende die selbst gemachten Bonbons mit nach Hause genommen werden dürfen – damit es dort so lecker riecht wie im Kamellebüdchen.

EINEN HANDLETTERING-KURS BESUCHEN
ATELIER VON FRAU MARAVILLOSA

Siegfriedstraße 1–3, 50678 Köln
Infos und Anmeldung zu den Workshops unter www.fraumaravillosa.com
ÖPNV: Haltestelle Bonner Wall

Eine Ich-denk-an-dich-SMS von der besten Freundin, eine Mail vom Kumpel auf Weltreise, eine Whats-App des Lieblingsmenschen voll roter Herz-Emojis – klingt schön, macht glücklich. Aber es geht noch schöner und noch glücklich machender: wenn diese wunderbaren Worte nicht aus digitalen Buchstaben bestehen, sondern handgeschrieben sind. Wenn sich der Absender Zeit nimmt und mit viel Liebe ein paar besondere Zeilen schreibt, die ebenso schön aussehen, wie sie klingen. Wie man aus Briefen, Postkarten oder simplen To-do-Listen kleine Kunstwerke zaubert, kann man lernen – und zwar bei der Illustratorin und Autorin Ursula Tücks, die in ihrem zauberhaften Atelier in der Südstadt Handlettering-Workshops anbietet. Während der sechsstündigen Kurse tauchen die Teilnehmer in die Welt der Buchstaben ein, lernen die Kunst des schönen Schreibens kennen und kreieren eigene Postkarten.

Dabei steht ihnen Ursula Tücks alias Frau Maravillosa mit Tipps und Tricks zur Seite, erklärt ihnen die Anatomie der einzelnen Buchstaben, zeigt verschiedene Verzierungen und verteilt Schnörkelvorlagen sowie ihren Handlettering-Guide, mit dem man zu Hause weiterüben kann. Ihr selbst gestecktes Ziel, in jedem Teilnehmer Kreativität und künstlerisches Potenzial zu wecken, erfüllt die Grafikdesignerin dabei mit Bravour. Mit Pinsel, Stift und ihrer Hilfe werden während des Kurses kleine geschriebene Kunstwerke geschaffen, die sicher an der Pinnwand des damit beschenkten Lieblingsmenschen einen Ehrenplatz bekommen.

AUF DU UND DU MIT BIENEN SEIN
IMKERKURSE FÜR FRAUEN

Infos zu den Kursen und Buchung unter
www.rheinbluete.de

In der Südstadt liegt etwas in der Luft. Und zwar nicht nur das Summen unzähliger Bienen, sondern auch die erwartungsvolle Aufregung der Imkerkurs-Teilnehmerinnen, die darauf warten, ebendiese Bienen endlich kennenzulernen. Wie wird es sein, den kleinen schwarzgelben Tierchen plötzlich so nahe zu kommen, wo man ihnen doch ansonsten eher aus dem Weg geht, weil man einen Bienenstich auf dem Kuchenteller zwar liebt, auf dem Arm oder dem Bein allerdings nicht unbedingt haben muss. Dass das Aus-dem-Weg-Gehen ebenso wie die Angst vor Stichen aber eigentlich völlig unnötig sind, ist nur eine von vielen Erkenntnissen, die man aus den Kursen bei Imkerin Kerstin Kopp mitnimmt.

Die ist »Bienen-Mama« mit Herz und Seele. Ihre Bienen leben in mehreren Stöcken in einem begrünten Innenhof nahe dem Chlodwigplatz, wo auch ihre Kurse stattfinden. Diese vermitteln alles, was man wissen muss, um selbst Bienen zu halten und in die ökologische Imkerei einzusteigen.

Bevor es allerdings so weit ist, müssen die angehenden Imkerinnen genauso fleißig sein wie ihre Schützlinge. Denn die brauchen nicht nur jede Menge Pflege, sondern machen mindestens genauso viel Arbeit: Waben kontrollieren, Schwärme einfangen und umsiedeln, zufüttern und, und, und. Und am Ende? Da steht die Honigernte – und zwar wirklich an allerletzter Stelle. Denn für Kerstin Kopp geht es nicht darum, möglichst viel des leckeren Brotaufstrichs zu ernten, sondern darum, dass es ihren Bienen gut geht und sie sich wohlfühlen. Genau

dieser typisch weibliche »Kümmer-Instinkt« ist auch der Grund, weshalb die Imkerin Kurse speziell für Frauen anbietet – zumal der Großteil eines Bienenstocks ebenfalls weiblich ist. So lernt man sich ganz entspannt unter Mädels kennen und schätzen. Zeit genug hat man dazu auf jeden Fall, denn die Kurse für Kleingruppen bis sechs Personen dauern eine ganze Bienensaison lang, also von Frühjahr bis Herbst.

An mehreren Einzelterminen kann so das Bienenvolk übers Jahr begleitet sowie in seiner Entwicklung beobachtet werden, und die Teilnehmerinnen können alle anfallenden Arbeiten einmal selbst ausführen und natürlich auch bei der Honigernte dabei sein. Zudem vermittelt Kerstin Kopp, die selbst eher zufällig zur Imkerei kam, wertvolles Hintergrundwissen – nicht nur rund um die immer seltener werdende Honigbiene und deren Haltung, sondern auch rund um Rechtsfragen oder die richtige Ausrüstung für die angehenden Bienenbesitzerinnen. Die wissen nach den vielen Treffen mit den Kölner Bienen nicht nur, warum diese so wichtig für die biologische Vielfalt – und somit für uns alle – sind, sondern auch, dass man vor ihnen zwar Respekt, aber keinesfalls Angst haben muss.

Und wer weiß: Eventuell sind einige der Kursteilnehmerinnen sogar schneller Bienenmamas als gedacht. Denn wer besonders nett zu seinen Schützlingen ist, an den gibt Kerstin Kopp auch schon mal ein Volk aus ihrem eigenen Bestand ab. Somit macht die erfahrene Imkerin die noch nicht ganz so erfahrenen, aber sehr engagierten Neu-Imkerinnen mit ihren Kursen nicht nur um eine wertvolle Erfahrung, sondern auch gleich um mehrere Tausend schwarz-gelbe Haustierchen reicher.

MIT DEM LIEBLINGSMENSCHEN

Köstlichkeiten
teilen

DINNER MIT DOMBLICK GENIESSEN
RESTAURANT NENI

Im Klapperhof 22–24, 50670 Köln
www.nenikoeln.de
ÖPNV: Haltestelle Friesenplatz

Eine Dachterrasse mitten in Köln. Die Luft an diesem lauen Sommerabend ist noch warm, der Wein gut gekühlt. Der Blick wandert vom Lieblingsmenschen über die Dächer der Stadt bis hin zum Dom, hinter dem gerade die Sonne versinkt. Klingt kitschig? Ist es auch. Aber nur ein bisschen. Denn vor allem ist es hier wunderschön und ziemlich lecker. Die Dachterrasse gehört nämlich zum Restaurant Neni im Herzen des Friesenviertels und ist der perfekte Ort für schöne Stunden mit dem Lieblingsmenschen.

Ob Frühstück mit der alten Freundin oder Dinner mit der neuen Liebe – ein Besuch im Neni ist immer ein ganz besonderes Erlebnis. Und zwar nicht nur an lauen Sommerabenden, sondern auch bei Kölner »Usselwetter«. Dafür sorgt zum einen der atemberaubende Blick über die Stadt, den man auch aus dem Inneren des Restaurants genießt, und zum anderen die dort servierte kreative Fusion-Küche. Die verspricht eine kulinarische Weltreise mit Streetfood aus Jerusalem und Tel Aviv, Klassikern wie Hummus- und Falafel-Variationen sowie außergewöhnlichen Gerichten aus Asien. Und natürlich mit Domblick. Hier isst man kosmopolitisch, köstlich, kölsch – ideale Voraussetzungen also, um stundenlang mit der besten Freundin in Urlaubserinnerungen zu schwelgen oder mit dem Date von gemeinsamen Reisen in ferne Länder zu träumen. Ebenso bunt und international wie seine Küche ist auch das Neni selbst: knallrote Stühle an langen, geselligen, kommunikationsfördernden oder kleinen, gemütlichen Tischen, ein

großer, runder Kamin, bequeme Lederbänke und kuschelige Sitzecken. Ein bisschen Industriestyle, ein bisschen Retro. Das Highlight aber sind die riesigen Fenster mit Aussicht auf Colonius und Co. sowie der Blick in die offene Küche. Dort zaubert das Team rund um die israelische Gastgeberin Haya Molcho seine internationalen Patchwork-

Gerichte. Zu diesem Team gehören übrigens auch die vier Söhne der Neni-Chefin: Nuriel, Elior, Nadiv und Ilan, aus deren Anfangsbuchstaben sich der Restaurantname zusammensetzt.

Falls das Date mit dem Lieblingsmenschen nach dem leckeren Essen noch nicht zu Ende sein soll, empfiehlt sich ein Besuch in der benachbarten Monkey Bar. Diese gehört, ebenso wie das Neni, zum 2018 eröffneten 25 Hours Hotel im neu gestalteten Gerling-Quartier. Das Hotel begeistert Designfans mit seiner spannenden Mischung aus Weltraum-Atmosphäre und Sixties-Style. Im imposanten Foyer wartet ein futuristischer, fast komplett verspiegelter Aufzug darauf, die Gäste in die achte Etage zu bringen – wahlweise nach links ins Neni oder nach rechts in die Monkey Bar. Die sieht aus, als würde sich hier auch James Bond ziemlich wohlfühlen: Eichenparkett, pastellige Schalensessel und ein riesiger vintagegrüner Kamin mit einem – wie sollte es bei dem Namen der Bar anders sein – Affenfell davor. Statt eines langweiligen Martinis trinkt man hier über den Dächern von Köln allerdings leckere Cocktails aus den berühmtesten Bars der Welt. Ob »Kölle Kolada« mit Rum und Ayran, »Pink Pisco« aus Lima oder eine ganz besondere Margarita aus der mexikanischen Stadt Guadalajara: Die Bar-Karte ist lang – die Nacht mit dem alten oder neuen Lieblingsmenschen kann es also auch werden.

DIE BERÜHMTESTEN COCKTAILS
DER FILMGESCHICHTE

➤➤ Vodka Martini (»James Bond: Casino Royale«, 1953)
»Geschüttelt, nicht gerührt.«
1 cl Wermut
5 cl Wodka
Mit einer Olive servieren.

➤➤ Cosmopolitan (»Sex and the City«, 1998)
»I'd like a cheeseburger, large fries, and a cosmopolitan.«
1,5 cl Orangenlikör
4 cl Wodka mit Zitronenaroma
3 cl Cranberrysaft
1 cl Limettensaft
1 Limettenscheibe zur Deko.

➤➤ Planter's Punch (»Vom Winde verweht«, 1939)
»Es ist ein schönes Gefühl, zu dem zu gehören,
was du liebst.«
3 cl dunkler Rum
3 cl weißer Rum
4 cl Ananassaft
4 cl Orangensaft
1 cl Grenadine
Mit einer Ananasscheibe dekorieren.

TIPP

FRISCHEN FISCH
AM GROSSMARKT FISCHEN

MARE ATLANTICO

Marktstraße 10–12, 50968 Köln
www.mare-atlantico.de
ÖPNV: Haltestelle Marktstraße oder Haltestelle Schönhauser Straße

Lust auf den leckeren Fisch, den man letzten Sommer in der kleinen griechischen Taverne gegessen hat? Gut, dass es bis nach Raderthal nur ein Katzensprung ist. Dort befindet sich der Feinkost-Markt Mare Atlantico – ein wahrer Hotspot für alle Fischverliebten, die sich auf eine

kulinarische Weltreise begeben können. Zahlreiche liebevoll arrangierte Stände laden zu einem ausgedehnten Bummel ein, bei dem es neben frischem Fisch unzählige Köstlichkeiten aus der ganzen Welt zu entdecken gibt. Und zu probieren. Denn bei einem Glas Wein können hier nach Herzenslust herzhafte und süße Spezialitäten probiert werden – und das ist mehr als nur ein Genuss für den Gaumen. Vielmehr ist ein Besuch bei Mare Atlantico ein Erlebnis für alle Sinne: Der Duft asiatischer Gewürze mischt sich mit dem köstlichen Geruch von Knoblauch, Antipasti und Käse. Gemeinsam mit dem Lieblingsmenschen entdeckt man Obst und Gemüse aus ganz Europa, italienische Pastavariationen, die ebenso unbekannt wie ungewöhnlich sind. Man probiert Süßwaren aus Ländern, in denen man noch nie war, Pasteten, die nach Urlaub und Meer schmecken, und kann sich kaum satt-

sehen an der berühmten Mare-Atlantico-Fischvielfalt.

Über 100 einheimische und exotische Arten gibt es hier täglich frisch zu kaufen: Von Wildlachs über Haifisch bis hin zu Taschenkrebsen, Sushi und Kaviar – man kann es kaum erwarten, aus all diesen Köstlichkeiten mit dem Lieblingsmenschen das perfekte Dinner zu zaubern und dabei vom nächsten gemeinsamen Urlaub zu träumen.

GESUNDES ESSEN GENIESSEN
CAFÉ SPATZ

Antwerpener Straße 38, 50672 Köln, ÖPNV: Haltestelle Friesenplatz
Aachener Straße 503, 50933 Köln, ÖPNV: Haltestelle Maarweg
www.der-spatz.com

Es gibt Orte, da möchte man am liebsten den ganzen Tag bleiben. Ein solcher Ort ist das kleine, aber ziemlich großartige Café SPATZ, das es zum Glück in Köln gleich zweimal gibt: im Belgischen Viertel und in Braunsfeld. Der Grund, weshalb man hier gern von morgens bis abends verweilen möchte, ist zum einen die sehr entspannte und gemütliche Atmosphäre und zum anderen die Auswahl an Gerichten, die nicht nur wahnsinnig köstlich sind, sondern auch noch gesund. Die SPATZ-Speisekarte hält für jeden etwas bereit: Food-Lover, Fans von Clean-Eating, Veganer, Figurbewusste – und sie beweist, dass sich gesunde Ernährung und Genuss beim Essen nicht ausschließen. Im Gegenteil: Wenn wie im SPATZ alles selbst gemacht ist, ist es gleich noch mal so lecker. Auf den Teller kommt, was gut ist und gut schmeckt: Frisches vom Bauern aus der Region, beste Zutaten in Bioqualität mit natürlicher Süße aus Datteln und Bananen, jede Menge Vitamine und eine Extraportion Liebe.

Wer von morgens bis abends bleiben möchte, hat gleich beim Frühstück die Wahl zwischen hausgemachter Granola, veganen Zimtschnecken und dem sensationellen Bananenbrot, für das das SPATZ weit über die Veedelsgrenzen berühmt ist. Mittags kommt mit frischen Bowls schüsselweise Gesundes auf den Tisch: Ob Pulled Ginger Chicken, Biotofu, asiatische Glasnudeln oder japanische Edamame-Bohnen – jede Bowl wird mit hausgemachtem Dressing serviert und macht nicht nur satt, sondern auch glücklich.

EINE NATURWEINPROBE MACHEN
LA VINCAILLERIE

Leostraße 57; 50823 Köln
www.la-vincaillerie.de
ÖPNV: Haltestelle Piusstraße

Lust auf eine Weinprobe ohne Fachsimpelei und strenge Tasting-Etikette? Dafür mit jeder Menge Herzblut, Genuss und Geschmack? Dann ab in die La Vincaillerie in Ehrenfeld. Dort finden regelmäßig Weinproben statt, die eher einem geselligen Abend mit guten Freunden gleichen. Ebenfalls gut und zudem ziemlich ungewöhnlich sind die Tropfen, die es zu probieren gibt. Denn Inhaberin Surk-ki Schrade hat sich als eine der wenigen Händler/-innen in Deutschland ausschließlich auf Naturweine spezialisiert, und die bestehen aus nichts anderem als vergorenem Traubensaft. Klingt erst einmal nicht unbedingt nach »richtigem« Wein und nicht besonders lecker? Ist es aber. Und zudem ist dieses Tröpfchen auch noch völlig frei von Zusatzstoffen und chemischen Spritz- und Düngemitteln. Die verwendeten Trauben kommen ausschließlich aus Weinbergen, die nach biologischen und biodynamischen Kriterien bewirtschaftet werden. Was genau das bedeutet und wie diese besonderen Weine schmecken, das erfährt man bei den unterhaltsamen Weinproben in der La Vincaillerie, an deren Ende man in Sachen Naturwein den vollen Durchblick hat – auch wenn das in diesem Fall nicht unbedingt wörtlich zu nehmen ist. Denn Naturweine sind nicht filtriert und können dadurch trübe sein.

Bei den Tasting-Abenden von Surk-ki Schrade ist jeder willkommen – ausdrücklich auch Weinproben-Neulinge, denn Vorwissen ist nicht erforderlich. Somit hat man bei der Lieblingsmenschen-Begleitung die freie Auswahl: der weinbegeisterte Schwiegervater, der mal

etwas Neues ausprobieren möchte, die beste Freundin, die bei der neuen Flamme mit ihrem Wein-Wissen punkten möchte, oder der Kumpel aus Kindertagen, mit dem man bisher nur Kölsch-Erfahrungen gesammelt hat. Mit wem auch immer man die besondere Weinprobe besucht – es darf nach Herzenslust geschmeckt, gerochen, probiert und bewertet werden. Frei nach dem Motto der Inhaberin: »Letztendlich ist es mit dem Wein ganz einfach: Entweder er schmeckt, oder er schmeckt eben nicht.« Fest steht: Er kann auf den ersten Schluck so ganz anders als jeder Wein schmecken, den man bisher probiert hat. Und auf den zweiten und dritten Schluck auch. Da sich der Geschmack der Naturweine aber – wie auch bei herkömmlichem Wein – im Laufe eines Abends ändert, werden die beiden Rot- und Weißweine bei den Tastings in zwei Runden probiert: einmal direkt nach dem Öffnen der Flasche, das zweite Mal nach etwa einer Stunde, wenn der Wein geatmet und sich entfaltet hat.

Dazu gibt es viele interessante Infos rund um den jeweiligen Wein: Wo kommt er her? Wer sind die Menschen, die ihn im Einklang mit der Natur und mit viel Liebe hergestellt haben? Und warum schmeckt er so, wie er schmeckt? Nach einer weiteren Stunde geht die Weinprobe schon zu Ende. Leider. Denn wie gern hätte man noch länger den leidenschaftlichen Erzählungen der weinbegeisterten Inhaberin gelauscht und ihre herrlichen – wenn auch etwas unkonventionellen – Weine probiert. Zum Abschied gibt es von der Chefin eine herzliche Umarmung und die Erkenntnis, dass Naturwein sehr viel mehr als vergorener Traubensaft ist und richtig gut schmecken kann. Vor allem, wenn man ihn mit seinem Lieblingsmenschen trinkt.

WEIN-AUSFLUG AN DIE AHR

Wein trinken in Köln ist schon mal ganz gut. Aber Wein dort trinken, wo er herkommt, bei einem Winzer mitten in den Weinbergen, ist noch viel besser. Und dafür muss man nicht mal weit fahren. Nur etwa 60 Kilometer von Köln entfernt befindet sich rund um Ahrweiler ein Weinanbaugebiet, das insbesondere für seine hervorragenden Rotweine bekannt ist. Wie diese entstehen und vor allem schmecken, kann man jedes Jahr im März beim Tag des offenen Weinkellers herausfinden.

Doch lieber wandern statt Wein trinken? An der Ahr geht beides. Der 35 Kilometer lange Rotweinwanderweg führt mitten durch die idyllischen Weinbergterrassen, in denen den Winzern bei der Arbeit zugeschaut werden kann. Während der Traubenlese im Herbst lässt sich an kleinen Ständen entlang des Weges ausgiebig das Ergebnis dieser Arbeit testen.

➼ www.ahrwein.de
➼ www.rotweinwanderweg.de

TIPP

KOCHEN UND
NEUE LEUTE KENNENLERNEN
JUMPINGDINNER IN KÖLN

Infos und Anmeldung unter
www.jumpingdinner.de/deinestadt/koeln

Auch wenn man schon jede Menge Lieblingsmenschen in seinem Leben hat: Neue Leute kennenzulernen, ist immer schön und im Fall der Event-Reihe »jumpingdinner« auch noch lecker. Denn dabei lernt man sich nicht nur kennen, sondern kocht auch gemeinsam – und zwar im Zweierteam mit seinem liebsten Küchenpartner.

Das Konzept des Koch-Events ist ebenso einfach wie spannend: ein dreigängiges Überraschungsmenü, drei Gastgeberteams, drei verschiedene Wohnungen. Die Gastgeberteams bestehen jeweils aus zwei Hobbyköchen, die in einer ihrer Küchen einen Gang des Menüs zaubern – und dabei aufpassen müssen, dass sie sich nicht vor Aufregung in den Finger schneiden. Denn was beziehungsweise wen der Abend bringt, weiß man erst, wenn es um 18 Uhr, pünktlich zur Vorspeise, an der Tür klingelt. Dann sehen sich sechs wildfremde Menschen, die einen Abend lang zusammen essen, trinken, lachen und quatschen werden, zum ersten Mal. Gemeinsam begeben sie sich auf eine unterhaltsame Reise durch Köln – immer auf der Suche nach netten Kontakten und dem hoffentlich perfekten Dinner. Gekocht wird das, was man am liebsten mag oder am besten kann – optimalerweise beides. Nach jedem Gang verabschiedet sich eines der Gastgeberteams, um in seiner Wohnung den nächsten vorzubereiten; zwei Stunden darauf treffen sich dort alle wieder. Und spätestens beim Dessert fühlt es sich dann so an, als würde man den Abend mit Freunden verbringen, die man schon ewig kennt – und nicht erst seit den drei Gängen eines Überraschungsmenüs.

KATZEN STREICHELN UND KUCHEN ESSEN
CAFÉ SCHNURRKE

Ritterstraße 27, 50668 Köln
www.wordpress.cafeschnurrke.de
ÖPNV: Haltestelle Hansaring

Wer glaubt, zu einer richtig guten Tasse Kaffee gehöre ein leckeres Stück Kuchen, der war noch nie im Café Schnurrke am Hansaring. Denn dort gehören zu einem Kaffee aus Kölns ältester Rösterei nicht Kuchen, sondern Katzen. Wobei der Kuchen, den es dort auch in veganer Version gibt, ebenfalls sehr lecker und definitiv empfehlenswert ist. Die wahren Stars allerdings sind vierbeinig und hören auf die Namen Cleo, Freddy, Lora und Cheri. Sie leben teilweise bereits seit ihrer Katzen-Kindheit im Café Schnurrke, und dass es ihnen gut geht, liegt dem Betreiber Wolf Schönwälder ebenso am Herzen wie das Wohl seiner Gäste. Daher gelten für Letztere ein paar Regeln im Umgang mit den Stubentigern beziehungsweise Café-Tigern: Wenn sie schlafen, vor sich hin träumen oder sich zurückziehen, gilt: Bitte nicht stören! Auch die leckeren Gerichte von der kleinen, aber feinen Speisekarte sollte man lieber selbst genießen, als sie an Cleo und Co. zu verfüttern. Denn die bekommen vom Schnurrke-Team alles, was sie brauchen. Da man jedoch auch als Katze nie genug bekommt von Streicheleinheiten und Spieleinlagen, sind diese ausdrücklich erwünscht – worüber schon mal der Kaffee kalt werden kann. Aber der ist ja sowieso eher Nebensache in Kölns erstem und einzigem Katzencafé.

Dieses liegt vom Stil her irgendwo zwischen Hippster-Treff, Omas Wohnzimmer und geselliger WG-Küche und ist damit der perfekte Ort, um ein paar gemütliche Stunden mit dem Lieblingsmenschen und gleich vier Lieblingskatzen zu verbringen. Die machen es sich schon

mal für ein Mittagsschläfchen auf dem Schoß der Gäste gemütlich oder toben auf der Jagd nach ihrem Spielzeug über Tische und Stühle. Wer wissen möchte, woher die Café-Katzen stammen und welche zum Teil sehr traurigen Erfahrungen sie machen mussten, bevor sie im Schnurrke ein liebevolles neues Zuhause gefunden haben, schaut einfach in die Karte. Dort findet man nicht nur Infos zum Charakter der Vierbeiner

und wie sie nach Köln kamen, sondern auch darüber, was sie mögen und was nicht und wo sich ihre Lieblingsplätze im Café befinden. Haben sie es sich dort gemütlich gemacht und mal ausnahmsweise keine Lust auf Streicheleinheiten, nutzt man die katzenlose Zeit am besten zum Essen, denn auch das lohnt sich.

Die Karte enthält alles, was Bio-Fans lieben und was Vegetarier sowie Veganer glücklich macht: ob Zitrone-Basilikum-Limonade à la Café Schnurrke, selbst gebrauter Eistee oder Dinkelnudelsalat mit hausgemachtem Pesto – alles in bester Qualität und nachhaltig aus Fair-Trade-Produkten hergestellt. Denn ein respektvoller Umgang mit Ressourcen sowie Verantwortung für Natur und Erde sind Wolf Schönwälder sehr wichtig. Sein Café Schnurrke soll ein Ort der Ruhe und der Begegnung zwischen Mensch und Tier inmitten der Großstadt sein – und genau das ist es. Denn was gibt es Schöneres als ein langes, intensives Gespräch mit einem Lieblingsmenschen bei Kaffeeduft und Katzenschnurren. Noch entspannter wird es beim Katzen-Yoga, das regelmäßig im Café Schnurrke angeboten wird und bei dem sich unter das leise »Ommm« der Yogis auch schon mal ein nicht ganz so leises »Miau« der Stubentiger mischt.

DAS LECKERSTE ERDBEERTIRAMISU DER WELT

➤➤ Zutaten für 8 Portionen

750 g Sahnequark
500 g Mascarpone
1 Vanilleschote
2 Päckchen Vanillezucker
1 kg Erdbeeren
100 g Puderzucker
250 g Löffelbiskuits
1 EL Kakaopulver

Zubereitung
1. Quark und Mascarpone mit dem Mark der Vanilleschote und dem Vanillezucker glatt rühren und kalt stellen
2. Erdbeeren waschen und vierteln
3. 400 Gramm der Erdbeerstücke mit Puderzucker pürieren
4. Erdbeersoße durch ein Sieb streichen und mit den restlichen Erdbeeren vermengen
5. die Hälfte der Löffelbiskuits in eine Auflaufform legen und mit der Hälfte der Erdbeeren bedecken
6. darauf die Hälfte der Quark-Mascarpone-Creme mit Hilfe eines Spritzbeutels verteilen und mit einem angefeuchteten Messer glatt streichen
7. erst mit den übrigen Löffelbiskuits und dann mit den restlichen Erdbeeren bedecken
8. den Rest der Quark-Mascarpone-Creme mit dem Spritzbeutel aufspritzen und glatt streichen
9. zwei bis drei Stunden kalt stellen und vor dem Servieren dick mit Kakao bestäuben

TIPP

BEI DER BERGISCHEN KAFFEETAFEL SCHLEMMEN
BERGISCHES LAND

Die besten Adressen für eine Bergische Kaffeetafel:
www.dasbergische.de
Menüpunkt »Die Region«: »Typisch Bergisch«

Mal schnell mit dem Lieblingsmenschen auf einen Kaffee und ein Stück Kuchen ins Bergische? Keine Chance! Bei unseren Nachbarn im Bergischen Land wird nämlich nicht einfach nur Kuchen gegessen. Und schnell schon mal gar nicht. Vielmehr gibt's hier nachmittags die traditionelle Bergische Kaffeetafel, und für die braucht man viel Zeit und noch mehr Hunger. Und natürlich den Lieblingsmenschen oder besser gleich mehrere. Denn bei diesem besonderen bergischen Erlebnis geht es nicht nur um Genuss, sondern auch um Geselligkeit – perfekte Voraussetzungen also für einen lustig-leckeren Sonntagsausflug, bei dem die Gastgeber alles auf den Tisch zaubern, was ihre Küche zu bieten hat. Das ist als Allererstes einmal frischer Kaffee – und zwar wirklich einfach nur Kaffee. Kein Cappuccino, kein Latte macchiato, einfach nur Kaffee. Dazu gibt's die berühmten Bergischen Waffeln, die ganz klassisch mit heißen Kirschen und Sahne gegessen werden. Dürfen diese bei keiner Kaffeetafel fehlen, so können die übrigen Bestandteile variieren: Von verschiedenen Brotsorten mit süßen und herzhaften Aufstrichen über Hefeplatz und Kuchen bis hin zu Rührei, Mutzenmandeln oder Apfelkraut – und zur Verdauung gibt's einen bergischen Korn.

Ebenso speziell wie das, was auf den Tisch kommt, ist auch der Ort, an dem ebendieser Tisch steht. Denn die Bergischen Kaffeetafeln finden zumeist in den urigen Gaststuben alter Fachwerkhäuser statt – ganz weit weg also vom Coffee-to-go aus dem 0815-Café. Dafür aber ganz nah bei Köln.

CRAFT BEER
AUS ALLER WELT PROBIEREN
BIER MACHT SCHÖN

Berrenrather Straße 206, 50937 Köln
www.biermachtschoen.com
ÖPNV: Haltestelle Arnulfstraße

Dass es in Köln das beste Bier der Welt gibt, steht natürlich völlig außer Frage. Dass dieses schön macht, ist hingegen eher zweifelhaft – zumindest in den meisten Fällen. Im Falle eines gewissen Rolands, der 2017 mitten in Sülz einen Craft-Beer-Store eröffnet hat, stimmt diese Aussage hingegen. Denn dieser Roland heißt mit Nachnamen Schön und genau so ist sein Laden: schön eingerichtet, schön dekoriert, einfach rundum schön. Und zwar so schön, dass man sich hier gern ein wenig länger umschaut.

In selbst gebauten Regalen werden die Flaschen mit den bunten Etiketten und den ausgefallenen Namen fast wie kleine Kunstwerke oder seltene Designerstücke in einer Boutique präsentiert. Dazu abgeschliffene Holzdielen auf dem Boden, purer Beton an den Wänden und eine halbe Tischtennisplatte als Ausstellungsfläche – der perfekte Rahmen, um die wunderbare Welt des Craft Beers zu entdecken. Möglich ist das bei einem der zweistündigen Tastings, die Roland Schön – übrigens IHK-zertifizierter Bierbotschafter und Selbstbrauer – regelmäßig in seinem Ladenlokal anbietet. Teilnehmen können bis zu 15 Bierfans, was nicht nur eine bunt gemischte Gruppe, sondern auch jede Menge gute Stimmung garantiert. Und das bereits vor dem ersten Schluck Bier, das schon einmal etwas mehr Umdrehungen haben kann als Kölsch.

Bevor die flüssige Praxis beginnt, geht es zunächst los mit der zum Glück gar nicht trockenen Theorie. Vom bierliebhabenden Inhaber erfährt man Wissenswertes rund ums Bierbrauen und die Entstehung

des »Handwerksbieres«, so die wörtliche Übersetzung von »Craft Beer«. Das handwerklich gebraute Bier besteht ausschließlich aus hochwertigen, natürlichen Zutaten und wird nicht gefiltert.

Letzteres fällt sofort auf, wenn endlich das erste Bier des Tasting-Abends vor einem steht. Dieses wird erst einmal ausgiebig betrachtet und auf Trübheit, Farbe und Schaum überprüft. Dazu gibt es jede Menge Hintergrundwissen über Herkunft, Alkoholgehalt und die jeweilige Craft-Beer-Gattung, von denen an diesem Abend insgesamt sieben verschiedene getestet werden. Und dann kommt der erste Schluck – für viele sogar der allererste, denn die Tastings ziehen etliche Craft-Beer-Neulinge und -Neugierige an.

Und, wie ist er so, der erste Schluck? Wahrscheinlich überraschend. Ob überraschend lecker oder überraschend ungewöhnlich, hängt ganz davon ab, welche Biere Roland Schön für das Event ausgewählt hat. Denn seine über 200 Sorten, die er aus kleinen Brauereien in Deutschland und dem angrenzenden Ausland bezieht, könnten unterschiedlicher nicht schmecken: hopfig herb, blumig oder fruchtig frisch, mit einem Hauch von Schwarzbrot, frischem Stroh oder Chili. Oder ganz süß mit Karamell-, Honig- oder Marzipan-Aroma. Wie bei einem guten Wein hat auch ein Craft Beer viele verschiedene Geschmacksnoten. Wobei jeder Schluck laut Roland Schön »eine eigene kleine Welt mit vielen neuen und interessanten Akzenten« bietet – und genau die gilt es bei seinen Tastings zu entdecken und sein persönliches Lieblingsbier zu finden. Ob das dann tatsächlich schön macht, bleibt zu überprüfen. Spaß macht es auf jeden Fall.

GESCHMACK, GENUSS, GEMEINSAMZEIT – DIE LECKERSTEN TASTINGS IN KÖLN

➤➤ Von Anis bis Zimt
… dürfen nach Herzenslust Gewürze aus aller Welt probiert werden.
Wo? Gewürzbasar Safran, Sürther Hauptstraße 59, 50999 Köln, www.safran-gewuerzbasar.de

➤➤ Alles Käse, oder was?
Die Käseseminare und Verkostungen bei Käseglück in Dellbrück sind lecker und lehrreich.
Wo? Käseglück, Idastraße 46, 51069 Köln, www.kaese-glueck.de

➤➤ Schokolade macht glücklich
… vor allem, wenn man sie mit seinem Lieblingsmenschen genießt. Beim Tasting in der Südstadt können Sorten aus aller Welt probiert werden.
Wo? Gourmets for Nature, Vondelstraße 38, 50677 Köln, www.gourmets-for-nature.de

Und sonst so?
Außergewöhnliche Öle: www.oelmuehle-solling.de
Gin: www.wanderer-destillerie.de
Fürs Urlaubsfeeling: www.rum-tasting.de
Senf – Führung und Verkostung: www.senfmuehle.net
Tee – Seminar und Tasting: www.bambootearoom.com

TIPP

DEN GANZEN TAG FRÜHSTÜCKEN

LOUIS THE BREAKFAST CLUB

Meister-Gerhard-Straße 30, 50674 Köln
www.louis-breakfast.de
ÖPNV: Haltestelle Barbarossaplatz

Das Frühstück ist bekanntermaßen die wichtigste Mahlzeit des Tages – und zwar des ganzen Tages, zumindest im LOUIS The Breakfast Club, denn da kann tatsächlich (fast) den ganzen Tag gefrühstückt werden. Bis 18 Uhr gibt es alles, was Langschläfer und Frühstücksfreunde glücklich macht. In gemütlich hipper Atmosphäre lässt sich hier mit dem Lieblingsmenschen ausgiebig Kaffee trinken, zum Fenster rausgucken und quatschen. Auf der Karte stehen Klassiker wie Egg Benedict, diverse Bagel-Variationen, aber auch Breakfast-Burger und ausgefallene internationale Frühstücksspezialitäten. Wie wäre es zum Beispiel mit einem nordafrikanischen Shakshuka? Noch nie probiert? Selbst schuld. Denn das Pfannengericht aus pochierten Eiern in einer Soße aus Tomaten, Chili und Zwiebeln bringt Abwechslung – und Schärfe – auf den Frühstückstisch.

Wer es süß mag, kommt in dem mit Pflanzenwänden und pinkfarbenen Papageien dekorierten Café ebenfalls nicht zu kurz: Zur Auswahl stehen Apfel-Zimt-Porridge, hoch aufgetürmte fluffige Pancakes mit gebratener Banane und Waldbeeren oder sonnensüße Smoothies. Apropos Sonne: Bei schönem Wetter lädt die hübsche Terrasse zu einem ausgedehnten Frühstück mitten im Kwartier Latäng ein. Und wer glaubt, dazu gehören Kaffee, Tee oder Saft, der hat noch nie bei LOUIS gefrühstückt – obwohl es das natürlich auch gibt. Aber eben auch ausgewählte Weine und leckere Cocktails wie den berühmten »Mimosa« mit vielen gesunden Säften – und Prosecco. So startet jeder Tag gut – egal, wann er beginnt.

SONNTAGSBRATEN
WIE FRÜHER GENIESSEN
JAKUBOWSKI IN MÜLHEIM

Mülheimer Freiheit 54, 51063 Köln
www.cafe-jakubowski.de
ÖPNV: Haltestelle Wiener Platz

Ob früher tatsächlich alles besser war, muss jeder für sich selbst ent-scheiden. Schön war es auf jeden Fall, wenn es samstagabends nach der Badewanne »Wetten, dass …?« und sonntags bei Mama einen Braten gab. Zumindest Letzteres ist heute immer noch möglich. Und soll-te Mama verständlicherweise mal keine Lust haben, an ihrem wohl-verdienten Wochenende stundenlang in der Küche zu stehen, geht man eben ins Jakubowski in Mülheim – und nimmt die Mama am besten direkt mit.

Inhaberin Silvia Beuchert und ihr Team zelebrieren in ihrem gemütlichen Café seit ein paar Jahren eine köstliche deutsche Tradi-tion und nennen sie – eher weniger traditionell – »Return of the Sonn-tagsbraten«. Er ist also zurück auf Kölner Tellern, mal geschmort, mal gerollt, mal als Kassler, mal als Sauerbraten. Immer mit dabei: leckere Beilagen in Form von Spätzle, Gnocchi oder Klößen, viel Gesundem wie Rotkohl oder Sauerkraut und jeder Menge Soße. Eben ein rich-tig schöner Braten, frisch aus dem Ofen. So wie früher, als Mama die ganze kölsche Großfamilie zum Sonntagsessen einlud und alle gern kamen – mit großen Erwartungen und leeren Mägen. Genauso fühlt man sich im familiär-entspannten Jakubowski, außer dass man dort, anders als bei Mama, unbedingt reservieren sollte. Vielleicht hat man Glück und bekommt einen Platz unter dem aufgemalten Schäfchen-wolken-Himmel. Aber nicht zu oft hochschauen – sonst wird am Ende noch der köstliche Sonntagsbraten kalt, und das wäre mehr als schade!

ZU HAUSE EINE BACKPARTY VERANSTALTEN
DANNYS CUPCAKE FACTORY

Infos zu den Kursen und Buchung unter
www.dannys-cupcake-factory.de

Wer gern backt, wird Cupcakes lieben – und Daniela Schaaf auch. Sie ist Kölns Cupcake-Fee Nummer eins, und das, was sie macht, hat eigentlich gar nichts mit Backen zu tun. Im Grunde zaubert sie: kleine, zuckersüße Kunstwerke, denen niemand widerstehen kann, und auch nicht muss – denn dank Danielas Backevents kann jeder die Herstellung von Cupcakes lernen, vom Teig bis zum Topping. Jeder? Jeder!

Daniela Schaaf gibt ihr Wissen und ihre große Leidenschaft für die kleinen Törtchen an jeden weiter, der keine Angst vor Kalorien hat: sei es im Rahmen eines Kindergeburtstags oder eines netten Nachmittags mit Freundinnen, sei es beim Backen mit der Schwiegermama oder mit dem Kumpel, um eine Valentinstagsüberraschung für die Liebsten zu zaubern. Und das Beste: Um mit Daniela zu backen, zu verzieren und zu genießen, muss man nicht mal die eigenen vier Wände verlassen, denn sie kommt mit allem, was nötig ist, zu ihren Kunden nach Hause. Im Gepäck hat sie neben Schürzen, Backequipment und Zutaten viele praktische Tipps rund um Zubereitung und Deko, aber auch zu wichtigem Zubehör wie Fondantausstechern und Glitzerstaub.

Letzterer ist besonders bei den kleinen Bäckern sehr beliebt, denen Daniela mit ihrer Cupcake Factory einen unvergesslichen Kindergeburtstag bereitet – und zwar im wahrsten Sinne des Wortes unvergesslich, da sie die Cupcake-Party auf Wunsch auch auf Fotos oder sogar auf Video festhält. So kann man sich immer und immer wieder anschauen, wie aus ein paar unscheinbaren Eiern und einem Haufen staubigem Mehl kleine, bunte Törtchen entstehen, die zum Vernaschen eigentlich

viel zu schade sind. Aber auch nur eigentlich … Welche Cupcake-Sorten gebacken werden und ob diese mit pinken Einhörnern oder lieber mit schwarzen Piratenflaggen verziert werden, entscheiden die Kin-

der – ihrer Phantasie sind keine Grenzen gesetzt. Daniela, die nur am Wochenende als Cupcake-Fee unterwegs ist und ansonsten in einer Wirtschaftskanzlei arbeitet, steht ihnen dabei mit Tipps und Tricks zur Seite. Zum Schluss gibt's für die Nachwuchsbäcker nicht nur etwas Leckeres aus dem Ofen, sondern auch eine Urkunde.

Neben Kindergeburtstagen organisiert die Hobbybäckerin aus Leidenschaft auch individuelle Backtrainings – ebenfalls zu Hause bei ihren Kunden. Zusammen gebacken wird, was diese sich wünschen: eine himmelblaue Torte zur Taufe des Mini-Lieblingsmenschen, Schwarzwälderkirsch-Cupcakes für den 80. Geburtstag von Omi oder eine zuckersüße Überraschung für einen besonderen Menschen – ganz nach dem Motto »Kleine Torte statt vieler Worte«.

Und wer Cupcakes einmal in der nicht jugendfreien Variante probieren möchte, der kann bei Daniela auch einen Junggesellinnenabschied buchen. Dabei werden in entspannter Atmosphäre hochprozentige und hochleckere Cocktail-Cupcakes gezaubert. Außerdem bietet sie Pralinenkurse an, bei denen die Teilnehmer ihre eigenen kleinen Schokoladen-Köstlichkeiten herstellen können – und zwar vier verschiedene Sorten, von denen eine leckerer als die andere ist. Perfekt für Schokoholics, die am Ende des Kurses nicht nur die Rezepte mit nach Hause nehmen, sondern wahrscheinlich auch ein paar Gramm mehr auf der Waage. Aber die haben sich gelohnt. Und wie!

SEHEN WIR DER WAHRHEIT IN'S GESICHT,

EINE SCHÖNE CREMIGE SCHOKOLADENTORTE

GIBT EINEM VIEL – MIR AUF JEDEN FALL.

(AUDREY HEPBURN, SCHAUSPIELERIN)

ABENDS AUF DEM MARKT FLANIEREN

MEET & EAT AUF DEM RUDOLFPLATZ

www.meet-and-eat.koeln
ÖPNV: Haltestelle Rudolfplatz

Wer an Wochenmarkt denkt, denkt an frisches Obst und Gemüse aus der Region, an den Duft von Blumen … und an ganz früh morgens. Denn das ist die »normale« Zeit für Wochenmärkte. Doch was ist in Köln schon normal? Der Abendmarkt »meet & eat«, der jeden Donnerstag von 16 bis 21 Uhr auf dem Rudolfplatz stattfindet, ist es jedenfalls nicht. Dieser etwas andere Wochenmarkt gibt auch Berufstätigen die Möglichkeit, ganz entspannt zwischen den Ständen zu bummeln und einzukaufen. Eine weitere Besonderheit ist, dass man seinen Namen durchaus wörtlich nehmen darf: Das Konzept besteht darin, nach Feierabend Freunde zu treffen und an einem der zahlreichen Foodtrucks in gemütlicher Marktatmosphäre zusammen zu essen. Dabei hat man die leckere Qual der Wahl: Asiatisch, peruanisch, brasilianisch, schwäbisch – auf die Teller kommen Spezialitäten aus aller Welt, die man natürlich auch an den vielen Marktständen kaufen kann. Vom rheinischen Obst über spanische Oliven bis hin zu Schweizer Käse und britischen Spezialitäten gibt es auf dem Abendmarkt alles, was »normale« Wochenmärkte auch im Angebot haben – und noch ein bisschen mehr. Zu diesem »bisschen mehr« zählt auch, dass man an seinem Geburtstag – und wirklich nur dann – einen Stehtisch reservieren kann. Geburtstagsparty mal anders!

Aber auch ohne Reservierung lohnt sich ein Besuch, dann sucht man sich einfach ein freies Plätzchen, rückt ein wenig zusammen und lernt neben neuen Gerichten auch noch neue Menschen kennen. Getreu dem Motto: meet & eat.

EINE KÖNIGLICHE TEATIME ZELEBRIEREN
CAFÉ ROYAL CUPCAKES

Venloer Straße 425 b, 50825 Köln
www.royalcupcakes.de
ÖPNV: Haltestelle Köln-Ehrenfeld

Das Royal Cupcake ist Treffpunkt Nummer eins für alle, die England lieben, auf Glitzer und Glamour stehen und von kleinen, zuckersüßen Cupcake-Kunstwerken nicht genug bekommen können. Etwas weniger kalorienreich, aber mindestens genauso königlich (und natürlich lecker) ist die »Royal TeaTime«, die freitags bis sonntags in dem kleinen Café mit den lila Wänden angeboten wird.

Gastgeberin ist zwar nicht die Queen, dafür aber Leonie Schlüter, die Königin des Ehrenfelder Backingham Palace mit seinen majestätischen Stühlen und üppigen Kronleuchtern. Sie serviert ihren Gästen eine Teatime mit unzähligen süßen und herzhaften typisch britischen Köstlichkeiten: fluffige Scones, leckere Sandwiches, eine kleine Quiche und natürlich Mini-Cupcakes mit so schönen Namen wie »Princess Diana« oder »Marilyn Monroe«. All das kommt selbstverständlich nicht auf einem schnöden Teller daher – denn das wäre ja nicht royal, sondern ziemlich normal. Vielmehr werden die kleinen Kalorienbömbchen auf einer dreistöckigen Etagere angerichtet. Dazu gibt's feinste Tee-Kreationen aus dem Porzellankännchen. Dabei kann man zwischen traditionellem Earl Grey oder Darjeeling sowie verschiedenen fruchtigen, minzigen und vanilligen Sorten wählen.

Wer sich noch mehr Abwechslung in der Teetasse wünscht, bucht die »East meets West«-Variante: Blatt-Tees aus Sri Lanka treffen dabei auf britisches Gebäck – eine ebenso ungewöhnliche wie unwiderstehliche Kombination und die perfekte royale Auszeit für alle Großstadt-Prinzessinnen.

FLAMMKUCHEN
MIT FLAIR GENIESSEN
RESTAURANT BELGISCHER HOF

Brüsseler Straße 54, 50674 Köln
www.belgischer-hof.de
ÖPNV: Haltestelle Moltkestraße

Wer den Weg zu dieser Großstadt-Oase im Belgischen Viertel (noch) nicht kennt, folgt einfach seiner Nase. Immer dem verführerischen Duft von Flammkuchen nach. Der kommt im Belgischen Hof frisch aus dem Steinofen, ist knusprig, hauchdünn und kreativ belegt: Ob klassisch mit Crème fraîche, Speck und Zwiebeln, vegetarisch mit Tomaten-Artischocken-Creme, Spinat und Pesto oder mit einer außergewöhnlich leckeren Kombination aus Aprikosen, Chorizo und Roquefort – der Koch hat offensichtlich viel Phantasie und der Gast sicher ebenso viele Genussmomente. Diese kann man in einem der gesellig-gemütlichen Gasträume erleben oder draußen im idyllischen Innenhof. Dort verschwinden die Geräusche der Stadt zwischen gelb gestrichenen Wänden, jeder Menge mediterraner Pflanzen, blühenden Hortensien und riesigen Weinregalen. Besonders abends, wenn der Hof in sanftes Kerzenlicht getaucht ist, gibt es kaum einen romantischeren Ort in Köln.

Aber auch wer draußen keinen Platz mehr ergattert oder den Belgischen Hof an einem Regentag besucht, wird nicht enttäuscht sein. Denn drinnen ist es genauso schön: Bunt zusammengewürfelte Holzmöbel, rustikale Steinwände, alte Lampen und ein großer gemauerter Ofen verleihen dem Restaurant französischen Charme und bieten den perfekten Rahmen, um den Tag bei einem Glas Wein oder einem belgischen Bier ausklingen zu lassen. Dabei lässt es sich herrlich vom nächsten Urlaub in der Provence träumen, der hoffentlich genauso lauschig-lecker wird wie der Abend im Belgischen Hof.

AUSGEFALLENE EISSORTEN PROBIEREN
IL GELATO DI FERIGO

Goltsteinstraße 32, 50968 Köln
www.ilgelato.de
ÖPNV: Haltestelle Schönhauser Straße

Wenn es in Köln ein Paradies für Eis-Fans gibt, dann heißt es Il Gelato di Ferigo und liegt in Bayenthal. Der Chef und Namensgeber dieses Paradieses, Giacomo Ferigo, hat eine Mission: die ausgefallensten und leckersten Eiskreationen der Stadt zu zaubern. Diese Mission erfüllt er seit über 25 Jahren mit viel handwerklichem Können und Herzblut. Und mit mindestens genauso viel Kreativität. Denn Schoko, Vanille und Erdbeere kann ja jeder – auch Giacomo Ferigo –, aber der kann eben auch noch mehr: Geschätzte 600 verschiedene Eissorten hat er seit der Eröffnung seiner kleinen Eisdiele in der Goltsteinstraße bereits kreiert. Darunter so außergewöhnliche Kombinationen wie Birne-Petersilie, Gurke-Rose oder Apfelrotkohl mit schwarzem Pfeffer. Experimentierfreudig muss man schon sein, wenn man sich auf die verrückten Sorten einlässt. Dafür wird man mit einem ebenso überraschenden wie köstlichen Geschmackserlebnis belohnt und kann sich sicher sein, ausschließlich frische, natürliche Zutaten in seinem Eis zu haben. Denn auf künstliche Aromen und Konservierungsstoffe verzichtet Giacomo Ferigo aus Prinzip.

Rund 30 Sorten stehen täglich zur Auswahl, für die seine Fans gern mal Schlange stehen – und das nicht nur im Sommer. Denn im Il Gelato di Ferigo gibt es auch herbstliche Sorten wie den Publikumsliebling Pumpernickel. Oder wie wäre es mit einem veganen Sorbet oder einem indischen Kulfi-Eis mit Kardamom? Nie gehört? Nie probiert? Dann wird es höchste Zeit für einen Ausflug ins Kölner Eis-Paradies.

EINEN KAFFEE ZWISCHEN ROSEN TRINKEN
BLUMEN-CAFÉ PETITE FLEUR

Schiefersburger Weg 36, 50739 Köln
www.facebook.com/PetiteFleurCologne
ÖPNV: Haltestelle Geldernstraße/Parkgürtel

Wer sich nicht entscheiden kann, ob er seinem Date Blumen schenken oder es zum Kaffee einladen soll, ist im Petite Fleur in Bickendorf genau richtig. Und natürlich auch, wer mit der besten Freundin oder der (Schwieger-)Mutter in außergewöhnlicher Atmosphäre leckeren Kuchen essen möchte. Für Blumenliebhaber, die nach Herzenslust shoppen wollen, ist das Petite Fleur ebenfalls die perfekte Adresse. Das kleine Café stellt also quasi eine Allzweckwaffe dar, wenn es um einen schönen Nachmittag mit einem Lieblingsmenschen geht. Zudem ist es Kölns erstes und einziges Blumencafé, das man eher in einem etwas hipperen Veedel wie Ehrenfeld vermuten würde.

Aber genau dorthin wollten die beiden Jungunternehmer Sara Gharibi und Nico Venjacob eben nicht, als sie 2018 ihr Café eröffneten. Sie zogen bewusst ins etwas beschaulichere, in der Szene weniger bekannte Bickendorf. Und dass das genau die richtige Entscheidung für ihr außergewöhnliches Konzept war, beweisen die vielen Stammkunden, die hier entweder Blumen kaufen oder Kaffee trinken. Am liebsten aber beides zusammen. Denn genau das ist die Idee hinter dem Petite Fleur, und deshalb wird hier neben allem, was man für einen gemütlichen Kaffeeklatsch braucht, noch allerhand mehr angeboten: Honig aus dem Veedel, Zahnpasta aus Florenz, Kräuter aus der Region, Süßigkeiten aus aller Welt – und natürlich Sträuße und Topfpflanzen. Die kommen ebenfalls von überallher und so gibt es hier neben klassischen Rosen oder Tulpen auch wunderschöne wilde Wiesenblumen und aus-

gefallene Exoten, die man so wahrscheinlich noch in keinem anderen Blumenladen gesehen hat. Diese werden in immer wechselnden Kollektionen zu unterschiedlichen Themen, wie zum Beispiel Südamerika, präsentiert. So kann man beim Kaffeetrinken auch noch etwas über die

Flora ferner Länder lernen und sich anschließend ein Stück davon mit ins heimische Wohnzimmer nehmen.

Wer es nachhaltig mag, kauft nach dem großen Stück Kuchen einen kleinen Strauß – und zwar einen wirklich kleinen. Aus abgebrochenen Blüten, die anderswo wahrscheinlich einfach entsorgt würden, binden Sara Gharibi und Nico Venjacob Ministräuße, die sie für einen Euro anbieten. Zudem sind ihre Sträuße nicht wie in anderen Blumenläden mit Papier oder Plastik umwickelt, sondern mit einer nachhaltigen Jute-Manschette umlegt, die mittlerweile das Markenzeichen des Petite Fleur ist.

Ihre Produkte suchen die beiden Inhaber alle selbst aus – mit ganz viel Liebe und dem Ziel, ihren Gästen ein Lächeln aufs Gesicht zu zaubern. Denn dass Blumen nicht nur Dates und Schwiegermuttis glücklich machen, ist ja kein Geheimnis. Und wenn es dazu noch eine der köstlichen Gewürz-Trinkschokoladen und ein leckeres Stück Torte gibt, ist der Nachmittag mit dem Lieblingsmenschen perfekt. Und wenn er es nicht ist? Wenn man das kleine, gemütliche Café in Bickendorf netter fand als das Date? Auch kein Problem. Dann gibt's zum Abschied statt eines Küsschens eben einen Kaktus aus dem Petite-Fleur-Angebot. Denn lieber mit einem Lächeln einen Kaktus verschenken als schlecht gelaunt einen Korb geben.

Seite an Seite
Kultur erleben

EIN KOSTENLOSES OPEN-AIR-KONZERT BESUCHEN
ADENAUER WEIHER

Guts-Muths-Weg, 50935 Köln
ÖPNV: Haltestelle RheinEnergieStadion

Der kleine, idyllische Adenauer Weiher im östlichen Teil des Stadtwaldes ist ein beliebtes Ziel für Ruhe und Grün suchende Kölner. Hier treffen sich Familien zum Sonntagsspaziergang, Jogger zu einer Seerunde sowie jede Menge Radfahrer und Rentner. Und natürlich Heavy-Metal- und Helene-Fischer-Fans. Die allerdings nur, wenn ihre Lieblingsband oder -sängerin mal wieder im nahe gelegenen Stadion ein Konzert gibt. Denn das liegt nicht nur in Lauf-, sondern auch in Hörweite. Daher ist der Adenauer Weiher einer der Hotspots für kostenlosen Open-Air-Genuss. Und dabei wird nach Herzenslust gepicknickt, entweder auf einer der Bänke direkt am See oder ganz gemütlich mit einer Decke auf den weitläufigen Wiesen – mit Blick aufs Wasser oder auf die vier farbig beleuchteten Pylonen des Stadions. Und natürlich auf den Lieblingsmenschen, mit dem man bei so einem außergewöhnlichen »Konzertbesuch« mal so richtig tanzen, singen oder headbangen kann – denn Platz hat man hier in der Natur natürlich mehr als im vollbesetzten Stadion.

Und wenn das dort gerade gespielte Lied nicht halb so toll ist wie der Mensch, mit dem man es hört? Dann geht man einfach um den kleinen See spazieren, trainiert auf einer der Laufstrecken die Picknick-Kalorien ab oder genehmigt sich weitere in Form eines kühlen Kölschs im netten Biergarten des Restaurants Club Astoria. In einem der gemütlichen Strandkörbe lässt es sich den Lieblingsband-Klängen, die der Wind vom Stadion herüberweht, doch gleich noch schöner lauschen.

KUNST IM VEEDEL BEWUNDERN
STREETART-TOUR DURCH EHRENFELD

Touren buchbar über
www.alternativecolognetours.com

Wer sagt eigentlich, dass Kunst immer in Museen stattfinden und auf Leinwänden präsentiert werden muss? Niemand! Das beweist das Multikulti-Viertel Ehrenfeld wie kein anderer Kölner Stadtteil. Denn hier findet Kunst genau dort statt, wo das Leben spielt und wo die Menschen sind – nämlich in den Straßen des bunten Viertels, das durch die Asphalt-Kunst noch bunter wird.

Gezeigt wird sie auf riesigen Hausfassaden, in dunklen Unterführungen und in verborgenen Hinterhöfen. Die sind tatsächlich oftmals so versteckt, dass man sie nur mit Hilfe eines Insiders entdeckt. Und den wiederum findet man auf einer Führung von »Alternative Cologne Tours«. Dabei trifft man zwar nicht auf einen Picasso, dafür aber auf Werke von Pez (spanisch für Fisch), Streetart-Künstler aus Barcelona, der genauso heißt wie das, was er am liebsten malt: Fische im Comicstil. Eines seiner auffälligen Werke gibt es am Ehrenfelder Bahnhof zu bewundern – einem der Hotspots der Kölner Streetart-Szene, an dem die zweistündige Tour natürlich auch vorbeiführt. Auf dieser lernen die Teilnehmer nicht nur zahlreiche Künstler und ihre teils ausgefallenen, teils ausgefeilten Techniken kennen, sondern erfahren auch Spannendes über die Geschichte der Kölner Straßenkunst, von der man nie weiß, wie sie am nächsten Tag aussehen wird. Denn viele der Künstler arbeiten inoffiziell, man könnte auch sagen illegal, und daher wird ihre Kunst oftmals recht schnell wieder entfernt. Daher kann es bei einer Führung schon einmal vorkommen, dass ein Weg umsonst war, da das Werk bereits wieder verschwunden ist. Aber auch das ist

nicht schlimm: In Ehrenfeld gibt es mehr als genug Streetart zu entdecken. Zum Beispiel die der Künstlergruppe Captain Borderline, die für ihre sozial- und gesellschaftskritischen Kunstwerke bekannt ist und

zeigt, dass Streetart sehr viel mehr sein kann als bunte Graffiti auf grauen Wänden. Vielmehr hat fast jedes Bild eine Botschaft – und die kann durchaus einen ernsten Hintergrund haben. So wie das sogenannte Edelweiß-Piraten-Denkmal an der Straßenunterführung nahe dem Ehrenfelder Bahndamm. Es erinnert an die Gruppe von Kölner Jugendlichen, die in der NS-Zeit Widerstand leisteten und dafür mit dem Leben bezahlten – und zwar genau dort, wo heute das riesige Bild von einem Segelschiff prangt. Eine bunte Erinnerung, ein beklemmendes Mahnmal und eine besondere Art von Kunst.

Von der gibt es auf der mal unterhaltsamen, mal zum Nachdenken anregenden Streetart-Tour noch jede Menge zu entdecken, und dank der Guides, die sich sowohl in Ehrenfeld als auch in der Szene bestens auskennen, sieht man selbst winzige Kleinigkeiten, die man allein wahrscheinlich nicht beachtet hätte. Der Preis für diese außergewöhnliche Art, die eigene Stadt zu entdecken, ist ebenso individuell wie die Kunst, die man dabei kennenlernt: Eine festgelegte Teilnahmegebühr gibt es nicht, man bezahlt so viel man kann oder möchte. Und das auch erst am Ende der Tour durch Ehrenfeld, das spannendste und bunteste Open-Air-Museum Kölns, in dem zahlreiche Künstler aus aller Welt ihr kreatives Zuhause gefunden haben.

KUNST IN KÖLN – ALLES AUSSER GEWÖHNLICH

Skulpturen unter freiem Himmel
Wer sowohl Skulpturen als auch Spaziergänge mag, hat in Köln gleich zwei Möglichkeiten, beides zu verbinden:
➤➤ **Skulpturenpark Köln** (Elsa-Brandström-Straße 9, 50668 Köln, www.skulpturenparkkoeln.de)
40.000 Quadratmeter großer Park
moderne zeitgenössische Außenskulpturen, Wechselausstellungen im Zweijahresrhythmus, öffentliche Führungen jeden ersten Sonntag im Monat

➤➤ **Skulpturen im Schlosspark Stammheim** (Stammheimer Hauptstraße, 51061 Köln, www.schlosspark-stammheim.koeln)
großer idyllischer Park direkt am Rhein, 70 moderne Außenskulpturen junger Künstler, öffentliche Führungen jeden ersten Samstag im Monat (Juni–Oktober)

➤➤ **Kunst in der Passage – ungewöhnlich unterirdisch**
Gleich vier Kunsträume in der Ebertplatzpassage bieten die Möglichkeit, außergewöhnliche Kunst an einem ebenso außergewöhnlichen Ort zu entdecken: Installationen, Performances, Ausstellungen und Auktionen – reinschauen lohnt sich immer. Infos zu aktuellen Aktionen: www.unser-ebertplatz.koeln

Kunst im Museum zu bewundern, ist schön, sie eine Zeit lang zu Hause in den eigenen vier Wänden hängen zu haben, noch schöner. Möglich macht das die

➤➤ **artothek** (Am Hof 50, 50667 Köln, www.museenkoeln.de/artothek).
zeitgenössische Werke junger Künstler, hauptsächlich aus Köln und der Umgebung, ausleihbar für maximal zehn Wochen
Ausleihausweis: 5 Euro pro Jahr, Ausleihe: 5 Euro inklusive Versicherung
Katalog der ausleihbaren Werke: artothek.kulturelles-erbe-koeln.de

TIPP

EIN KONZERT
IM DUNKELN BESUCHEN

BLIND AUDITIONS

Termine und Tickets unter
www.blind-audition.de

Wer nur hören kann, muss fühlen beziehungsweise darf fühlen – und zwar die Musik einer ganz besonderen Konzertreihe, die die Besucher mitnimmt auf eine wunderbare Reise in die Welt von Pop und Jazz. Die Blind Auditions finden in völliger Dunkelheit statt und garantieren puren, unverfälschten Musikgenuss – Gänsehaut inklusive. Hier geht es nicht um die perfekt inszenierte Bühnenshow, das Outfit oder die Gestik der Künstler. Hier geht es einzig und allein um die Musik und darum, sie gemeinsam mit einem besonderen Menschen von ganzem Herzen zu fühlen.

Wer Kölns einziges Dunkelkonzert besucht, kommt in den Genuss einer erstklassigen Liveband sowie von jeweils vier wechselnden Sängerinnen und Sängern. Auch die sehen nichts außer den eigens entwickelten Dunkelnoten, nach denen sie performen. Ein spannendes Erlebnis also nicht nur für das Publikum, das am Ende der Show, wenn das Licht wieder angeht, raten kann, wer welchen Song gesungen hat. Zu hören (und zu fühlen) gibt es eigene Arrangements der Blind-Band, aber auch Klassiker von Künstlern wie Michael Bublé, Coldplay, Sam Smith oder Stevie Wonder, bei dessen Schmusesongs während der Blind Auditions nach Herzenslust geknutscht werden darf – sieht ja keiner. Die Kölner Dunkelkonzerte finden mehrmals jährlich an wechselnden Locations statt, und wer einmal dort war, kommt immer wieder. Denn die Konzerte sind ein außergewöhnliches Erlebnis – zwar nur für ein paar unserer Sinne, für die aber doppelt so intensiv.

KARNEVAL
MAL ANDERS FEIERN
ALTERNATIVE KÖLNER SITZUNGEN

Alle Infos zu Terminen und Programm unter
www.grossekoelner.de und www.immisitzung.de

Karneval ohne Sitzungen? Geht gar nicht. Karneval mit alternativen Sitzungen? Geht. Sehr gut sogar, denn Köln wäre nicht Köln, wenn es nicht für jeden Geschmack die richtige Sitzung im Angebot hätte. Wem herkömmliche Sitzungen zu laut, zu langweilig oder zu normal sind, für den gibt es jede Menge andere Möglichkeiten – und die eignen sich bestens für einen netten (und jecken) Abend mit dem Lieblingsmenschen.

Möchte man sich mit diesem auch unterhalten, ist man auf der Flüstersitzung der Karnevalsgesellschaft Große Kölner 1882 e. V. richtig: leise Töne statt lauter Zoten und »usjestöpselte« Bands statt elektronisch verstärkter Beats. Dabei ist der Name nicht unbedingt wörtlich zu nehmen, denn geflüstert wird nicht – Ohrenspitzen muss also nicht sein. Dafür aber entspannt zurücklehnen und ein abwechslungsreiches Programm genießen.

Möglich ist das auch bei der Nostalgiesitzung, die ebenfalls von der »Große Kölner« veranstaltet wird. Auch hier spielen die Musiker unplugged und die Gäste erwartet eine kleine, unterhaltsame Reise in die »gute alte Zeit«, in der man noch nichts vom lauten Partykarneval wusste. Nostalgie eben.

Und wer vom Karneval generell noch keine Ahnung hat, besucht am besten mit seinem Lieblingszugezogenen die Immi-Sitzung im Bürgerhaus Stollwerck: mehr Kabarett als Karneval und weniger kölsch als multikulti. Ein bisschen Stand-up, ein bisschen Comedy und ganz viel Tanz und Musik – und das für alle. Für Kölner, für Zugezogene, für Lieblingsmenschen.

KÖLNS SKURRILSTEN BIERGARTEN BESUCHEN
EVENT-LOCATION ODONIEN

Hornstraße 85, 50823 Köln
www.odonien.de
ÖPNV: Haltestelle Köln-Nippes

Ein Industriegebiet in Neuehrenfeld. Die Straßen voll und laut, die Umgebung grau und hässlich. Über eine Brücke rattert ein Güterzug. Der Lärm unterbricht kurz die Überlegung, ob man hier tatsächlich richtig ist, wenn man einen entspannten Biergarten-Nachmittag mit dem Lieblingsmenschen verbringen möchte. Ist man. Aber so was von! Denn zwischen jeder Menge Gleisen, Industriehallen und Europas größtem Bordell liegt Odonien – eine etwas skurrile, aber sehr liebenswerte Welt, in der sich Kölns ungewöhnlichster Biergarten befindet.

Geschaffen hat die Mischung aus Event-Location, Werkstatt und Kulturzentrum der Stahlkünstler Odo Rumpf. Aus Schrott lässt er riesige Exponate entstehen: rostige Drachen, Insekten mit Scheinwerferaugen und undefinierbare Gebilde aus unzähligen Schrauben. Dazu gibt's in Odonien eine Flut an Farben: einen knallroten ausrangierten Doppeldeckerbus, einen leuchtend gelben Kran und ganz viel Grün. Denn zwischen dem vermeintlichen Schrott wachsen unzählige Pflanzen und Blumen, inmitten derer man an langen Holztischen sitzt und sich bei einem kühlen Kölsch gar nicht sattsehen kann am Gesamtkunstwerk Odonien. Apropos satt: Neben Flammkuchen, Burgern und Salaten gibt es hier auch Würstchen und Steaks zum Selbstgrillen. Für noch mehr Abenteuerromantik sorgen die Feuerinstallationen, die bei Einbruch der Dunkelheit die gemütlich-skurrile Großstadtoase erhellen. Spätestens dann weiß man, dass man hier, mitten im Neuehrenfelder Industriegebiet, so was von richtig ist.

THEATER ZWISCHEN TURBINEN ERLEBEN
THEATERNACHT IM HEIZWERK SÜDSTADT

Zugweg 29–31, 50677 Köln
ÖPNV: Haltestelle Bonner Wall
Infos zu den Vorstellungen und Tickets unter www.theaternacht.de

Das Heizwerk der RheinEnergie in der Südstadt ist ein ganz besonderer Ort: Hier treffen modernste Technik auf historische Mauern und Märchenschloss-Romantik auf Industrie-Charme. Das Gebäude aus dem 19. Jahrhundert vereint mit seinem großen Treppenturm und der gelben Backsteinfassade Neorenaissance mit Neogotik.

Heute versorgt Kölns ältestes Heizwerk weite Teile der Innenstadt mit Wärme. Jedes Jahr im Oktober verwandelt es sich in den wohl ungewöhnlichsten Ort, an dem man in Köln Theatergenuss erleben kann. Während der Kölner Theaternacht wird das Heizwerk zur Bühne: An mehreren Spielstätten auf dem Werksgelände, die stimmungsvoll illuminiert sind, bekommen die Besucher Theater der Spitzenklasse geboten. Zwischen riesigen Turbinen und Maschinen, im Kesselraum oder sogar am 75 Meter hohen Schornstein treten eine ganze Nacht lang verschiedene Künstler auf. Geführte Touren bieten zudem die Möglichkeit, im Heizwerk und an den anderen Spielstätten hinter die Kulissen zu schauen, und tragen so zum einmaligen Charakter der Theaternacht bei. Wann sonst erlebt man Impro-Theater in Industriebauten, Kabarett in Kneipen oder Comedy in der Kirche?

Die Theaternacht spiegelt nicht nur die kulturelle Vielfalt Kölns wider, sondern zeigt auch, dass Kunst jeden noch so ungewöhnlichen Ort zu einem ganz besonderen macht. Ausklingen lässt man die Nacht bei einer der Partys, die neben Livemusik auch die Möglichkeit bieten, inspirierende Gespräche mit den anwesenden Künstlern zu führen.

AUF KULTURELLE WELTREISE GEHEN
KÖLNER KULTURKLÜNGEL

Infos und Anmeldung unter
www.kulturkluengel.de

Vieles, wofür Köln steht und berühmt ist, beginnt mit K: Kirchen, Karneval, Kölsch – und nicht zu vergessen die kulturelle Vielfalt, die einem an jeder Ecke in der Stadt begegnet. Kein Wunder, leben hier doch rund 180 Nationen auf etwa 400 Quadratmetern zusammen. So gibt es in der Domstadt nicht nur kölsche Kölner, sondern auch kölsche Asiaten, Perser, Südamerikaner oder Inder, und in den Veedeln trifft man Menschen aus dem Morgen- und dem Abendland ebenso wie Einwanderer aus dem Hindukusch oder dem Himalaya. Möchte man deren Kulturen kennenlernen und für ein paar Stunden in ihr genauso fremdes wie faszinierendes Leben eintauchen, ist man beim Kölner Kulturklüngel genau richtig. Dessen Gründer Thomas Bönig bietet seit 2008 interkulturelle Stadtführungen an, die er und sein sympathisches, internationales Team mit viel Insiderwissen und mindestens genauso viel Liebe und Herzblut organisieren und gestalten.

Zusammen mit dem Lieblingsmenschen kann man so auf eine spannende kulturelle Weltreise in der eigenen Stadt gehen. Ein kleiner Urlaub, für den man nicht stundenlang fliegen muss, sondern in den man ganz entspannt mit der Straßenbahn kommt. Begleitet wird man dabei zum Beispiel von Chea-Ien Chhay, die sich selbst als »dat kölsche Mädsche mit indochinesischen Wurzeln« bezeichnet. Im asiatischen Lebensmittelladen ihrer Familie entdeckte sie schon früh ihre Leidenschaft für die Küche ihrer Vorfahren. Heute nimmt die Tochter eines Chinesen und einer Kambodschanerin ihre Gäste regelmäßig mit auf eine genussvolle Tour durch ihre Heimatstadt. Bei der kann

man nach Herzenslust an exotischen Gewürzen schnuppern, fremde Spezialitäten probieren und jede Menge Fragen zur Kultur und Küche Asiens stellen.

Möchte man lieber in ein Märchen aus 1001 Nacht eintauchen, sollte man eine Tour mit Anahita Mehdipor buchen. Die junge persische Journalistin weiß genau, wo man in Köln den zauberhaften Orient

findet. Sie kennt Orte, an denen es orientalischen Bauchtanz, aphrodisierende Gerichte oder morgenländische Klänge zu entdecken gibt, und entführt ihre Gäste in eine unbekannte Welt, wie man sie in der Domstadt wohl kaum vermutet hätte.

Wahrscheinlich ebenso wenig wie die Tatsache, dass es in der eigenen Stadt eine kubanische Zigarrenmanufaktur oder ein Batikmuseum gibt, dass man hier indonesischen Kaffee trinken oder ein indisches Konzert besuchen kann. In welchem Veedel bekommt man die besten handgerollten chinesischen Nudeln, wo traditionelle nigerianische Spezialitäten? Einfach die Kulturklüngler fragen! Und wer nicht nur exotisch essen, sondern auch kochen möchte, besucht einen der Kochkurse: Afrikanische Tapas, persische Gerichte mit viel Chili, aphrodisierende Nüsse aus Ghana oder Grillen mit dem Tandoori-Ofen – all das wartet darauf, gemeinsam mit dem Lieblingsmenschen entdeckt und probiert zu werden.

Eine Reise mit Chea-Ien Chhay, Anahita Mehdipor oder einem der anderen kulturellen Stadtführer erweitert aber nicht nur die Rezeptsammlung, sondern vor allem auch den eigenen Horizont. Und sie baut Vorurteile ab und trägt so dazu bei, dass in der bunten Multikulti-Stadt Köln Menschen aus allen Nationen nicht nur nebeneinander, sondern miteinander leben.

KULINARISCHE WELTREISE DURCH KÖLN

Möchte man sich durch alle Küchen der Welt probieren, so is(s)t man in Köln genau richtig. Denn was wäre eine Multikulti-Stadt ohne Multikulti-Restaurantszene?

Von Altbekanntem wie Tapas (➤➤ www.tapeoundco.de oder ➤➤ www.la-bodega-koeln.com), ungarischem Gulasch (➤➤ www.puszta-hütte.de) oder Frittiertem aus Holland (➤➤ www.maria-koeln.de) bis hin zu exotischen Spezialitäten aus Afghanistan (➤➤ www.restaurant-kabul.de), Burma (➤➤ www.mandalay-koeln.de) oder Eritrea (➤➤ www.hdmona.de oder www.injera.de) – eine kulinarische Weltreise durch Köln ist lang und lecker. Wie wäre es zum Beispiel mit einer peruanischen Ceviche aus frischem Fisch (➤➤ www.tigermilch.kitchen), dem hawaiianischen Nationalgericht Poké (➤➤ www.poke-makai.de) oder einem orientalischen Menü mit Wein aus dem Libanon (➤➤ www.restaurant-bethlehem.de)?

Für welches Restaurant man sich auch entscheidet: Eine Extraportion Gastfreundschaft gibt es bei allen gratis obendrauf. Guten Appetit!

TIPP

MIT KINDERN
KULTUR ENTDECKEN
KÖLNER MUSEEN UND PHILHARMONIE

Kölner Philharmonie: Infos zu den Familienkonzerten unter
www.koelner-philharmonie.de
Wallraf-Richartz-Museum: Infos zum Kinderprogramm unter
www.wallraf.museum
ÖPNV: Haltestelle Rathaus

Kinder und Kunst klingt erst einmal nach einer eher ungewöhnlichen Kombination. Ebenso wie Kinder und klassische Musik. Ist es aber gar nicht. Zumindest nicht in Köln. Denn hier weiß man, dass man in Museen nicht mucksmäuschenstill sein muss und dass auch Pänz in der Philharmonie jede Menge Spaß haben können. Dank eines breiten Angebotes an Führungen speziell für kleine Kunstfans oder unterhaltsamen Familienkonzerten schließen sich Kultur und Kinder in der Domstadt nicht aus. So bietet die Philharmonie auch kleinen Lieblingsmenschen aller Altersstufen die Möglichkeit, bei verschiedenen Konzerten Musik zu erleben: Bei der Reihe Philharmonie Veedel Baby kommen bereits die Allerkleinsten in den Genuss von Klassik und Jazz. Diese Veranstaltungen sind für Kinder bis zu einem Jahr konzipiert, während es für ältere Kinder die Reihen Mini (ein bis vier Jahre) und Familie (drei bis sechs Jahre) gibt. Bei Letzterer wird die Musik dem Publikum auf spielerische Art und Weise nähergebracht – ein tolles und ungewöhnliches Kulturerlebnis nicht nur für Kinder.

Möchte man mit seinem Mini-Lieblingsmenschen lieber Malerei entdecken, ist man in den Kölner Museen gut aufgehoben. Diese bieten spezielle Führungen und Rallyes sowie Workshops für Familien an. Im Wallraf-Richartz-Museum gibt es sogar eine eigene Kinderlounge, in der die berühmten Gemälde der Sammlung anhand von Filmen und Spielen kennengelernt werden können. Beste Voraussetzungen für einen unvergesslichen Tag mit Kindern, Kunst und klassischer Musik.

EINEN ABEND VOLLER ÜBERRASCHUNGEN ERLEBEN
ARTHEATER

Ehrenfeldgürtel 127, 50823 Köln
www.artheater.de
ÖPNV: Haltestelle Subbelrather Straße/Gürtel

Das Ehrenfelder ARTheater wird jeden Montagabend zu einer riesigen Wundertüte. Und das schon seit über zehn Jahren. Denn so lange gibt es dort bereits die legendäre Offene-Bühnen-Show Kunst gegen Bares, die mittlerweile in über 40 deutschen Städten und sogar in Belgien, Spanien und der Schweiz aufgeführt wird. Moderiert wird der Abend ebenso unterhaltsam wie kritisch von der Comedian Frau Scholten und dem Erfinder der Show Gerd Buurmann.

Wer Kunst gegen Bares besucht, weiß vorher nicht, was ihn erwartet. Auf jeden Fall viel Abwechslung, Spaß und gute Laune. Auf die Bühne darf jeder, der etwas zu sagen, zu spielen oder zu singen hat – und das sind in Köln ganz schön viele: Kabarettisten, Zauberer, Tänzer, Pantomimen, Jonglage-Künstler, Rapper oder selbst ernannte Poeten. Bei »Kunst gegen Bares« geben sich die Mehr-oder-weniger-Künstler zwar nicht die Klinke, dafür aber ein Sparschwein in die Hand. Wer am Ende darin das meiste Geld vom Publikum gesammelt hat, darf sich den zweifelhaften, aber begehrten Titel »Kapitalistenschwein des Abends« geben.

Grandioser Auftritt oder grottenschlechte Darstellung – diese überraschende Mischung macht Kunst gegen Bares zu einem Garanten für einen unterhaltsamen Abend. Da nimmt man auch gern mal eine skurrile Über-Kopf-Eierjonglage oder eine mehr schlechte als rechte Hula-Hoop-Performance in Kauf. Denn ohne die wäre ein Montagabend im ARTheater nicht das, was er ist: legendär.

IM OPEN-AIR-THEATER ZWISCHEN ALTEN MAUERN SITZEN

FRIEDENSPARK

Hans-Abraham-Ochs-Weg 1, 50678 Köln
Infos zum Programm unter www.nntheater.de
ÖPNV: Haltestelle Schönhauser Straße

Eine Woche voll magischer Theatermomente verspricht das Freiluft-festival, das jedes Jahr im Sommer in der einzigartigen Atmosphäre des Friedensparks stattfindet. Initiiert wird es vom Kölner N.N.Theater, das Theatergenuss vom Feinsten garantiert. Dieser steht unter dem Motto »Keine Angst vor Klassikern«, was sowohl für Zuschauer als auch für die Schauspieler gilt, die dafür bekannt sind, die teils schweren Inhalte von Klassikern wie »Faust« oder »Romeo und Julia« verständlich und unterhaltsam aufzubereiten. So entsteht eine moderne Version, die dennoch nicht zu weit weg vom Original ist und oftmals mit einem Blick in die Gegenwart überrascht.

Die Schauspieler nehmen die Besucher für einen Sommerabend mit in eine andere Welt. Zwischen den alten Mauern des Fort I zaubern sie eine Mischung aus bewegender Musik, phantasievollen Requisiten und beeindruckender Akrobatik auf die Bühne. Sie wechseln rasant Kostüme und Charaktere, überraschen mit Witz und Charme und lassen dem Publikum Raum für eigene Interpretationen. Diese können nach der Aufführung mit dem Lieblingsmenschen am Lagerfeuer ausgetauscht werden. Dazu gibt es im romantisch beleuchteten Park Livemusik und die Aussicht auf noch mehr magische Theatermomente. Denn während der Festivalwoche werden verschiedene Stücke aufgeführt – perfekt für Wiederholungstäter ohne Angst vor Klassikern.

MAL ANDERS TATORT GUCKEN

STAPEL.BAR IN EHRENFELD

Heliosstraße 35–39, 50825 Köln
www.stapel.bar
ÖPNV: Haltestelle Venloer Straße/Gürtel

Seit 50 Jahren sind die Tatort-Kommissare sonntagabends zu Gast in unseren Wohnzimmern, versüßen uns die letzten Stunden des Wochenendes und sorgen am Montagmorgen für Gesprächsstoff mit den Kollegen. Wer bereits vorher über Mord und Mörder diskutieren will, kann dies mit anderen Krimi-Fans in der Stapel.Bar tun. Dort ist das sonntägliche Rudelgucken ein fester Bestandteil im Terminkalender. Mitmachen kann jeder, der sich an zwei Regeln hält. Erstens: Sobald die Titelmelodie ertönt, herrscht Ruhe. Zweitens: Gespoilert wird nicht. Wer bereits vor den Kommissaren weiß, wer wen wann und warum umgebracht hat, behält das für sich.

Vor allem wenn die Kölner Kommissare Max Ballauf und Freddy Schenk in der Domstadt ermitteln, sind die Plätze in der Stapel.Bar heiß begehrt. Daher lohnt es sich, zu reservieren und dann entspannt den Kult-Krimi auf dem Fernseher und ein leckeres Essen im Weckglas zu genießen. Das ist nicht nur umweltfreundlich, sondern auch ziemlich praktisch für Im-Stehen-Esser, die keinen Platz auf den gemütlichen Paletten-Sofas ergattern konnten. Ins Weckglas kommen Hausmannskost wie Königsberger Klopse und exotische Gerichte wie Linsen mit Kokosmilch und Garam Masala. Und das, was die Cocktailgläser füllt, kann sich ebenfalls sehen lassen. Die Auswahl ist groß und ausgefallen, sodass jeder Hobby-Kommissar den richtigen Drink findet und mit seinem Lieblingsmenschen darauf anstoßen kann, dass er mal wieder schneller den Durchblick hatte als Ballauf und Schenk.

ENTSPANNTEN LIVE-JAZZ HÖREN
MUSIKCLUB KING GEORG

Sudermanstraße 2, 50670 Köln
www.kinggeorg.de
ÖPNV: Haltestelle Ebertplatz

Montagabend und Lust auf Musik? Auf richtig gute Livemusik, fernab von Hip-Hop, Elektro und Mainstream? Dann ist der fast schon legendäre Jazz-Club King Georg im Agnesviertel genau die richtige Adresse. In entspannter Atmosphäre finden hier bereits seit über einem Jahrzehnt regelmäßig Jazz-Konzerte in wechselnder hochkarätiger Besetzung statt – und zwar nicht nur montags, sondern an jedem Wochentag, außer freitags.

Die Betreiber bezeichnen ihren Club als ein »Biotop für Fußwipper und Fingerschnipper« und wollen ihren Gästen Jazz zum Anfassen bieten – sowohl für Kenner als auch für Neulinge und Neugierige. Denn willkommen ist jeder, der gute Musik mag. Gespielt wird vor allem sogenannter Straight-ahead-Jazz, also Jazz ohne Schnörkel und Schnickschnack. Ebenso schnörkellos ist die Einrichtung des intimen Clubs: Schwarz-Weiß-Fotografien berühmter Jazz-Künstler, cognacfarbene Ledersessel, dunkelgrün gestrichene Wände. Das war's. Hier lenkt nichts von der Musik ab. Und die findet nicht etwa auf einer Bühne statt, sondern mitten im Club, auf Augenhöhe mit Fußwippern und Fingerschnippern. Die müssen übrigens an der Tür des King Georg klingeln, um eingelassen zu werden – wie es sich für einen guten Club gehört. Ist man einmal drin, will man so schnell nicht mehr raus. Denn das King Georg ist wie ein Ausflug in eine andere Welt und genau das Richtige, um nach einem langen Arbeitstag gemeinsam mit dem Lieblingsmenschen bei guter Musik und einem Glas Wein abzuschalten.

FILME UNTERM STERNENHIMMEL GUCKEN
SOMMERKINO IM RHEINAUHAFEN

Harry-Blum-Platz 1, 50678 Köln
Tickets unter www.openairkino.koeln
ÖPNV: Haltestelle Rheinauhafen

Ein Kinoabend ist schnell geplant: Einen guten Film aussuchen, den passenden Lieblingsmenschen schnappen, und los geht's. Die Location? Eher nebensächlich. Hauptsache, die Sessel sind bequem. Im Falle des Sommerkinos im Rheinauhafen sieht die Sache anders aus. Denn hier ist die Location so spektakulär, dass der Film schon fast zur Nebensache wird. Wobei das schade wäre, denn zu sehen gibt es eine riesige Auswahl an Filmen auf einer ebenso riesigen Leinwand, die mitten im Hafenbecken schwimmt.

Wer das Open-Air-Kino an einem warmen Sommerabend besucht, darf sich auf eine entspannte Atmosphäre freuen, die für Urlaubsfeeling mitten in der Großstadt sorgt. Dazu bucht man am besten im Vorfeld einen gemütlichen Strandkorb für zwei. Kissen und Decken kann man vor Ort kostenlos ausleihen. Oder man setzt sich auf die Freitreppe direkt am Wasser, bequeme Liegestühle und ein kleiner Loungebereich inklusive. Dort kann man auch leckere Quiches oder Kuchen essen – oder man bestellt sich eine Pizza beim hauseigenen Lieferdienst. Mit einem kühlen Kölsch oder einem hausgemachten Cocktail in der Hand ist man bestens gestärkt für einen unvergesslichen Kinoabend. Die Filme beginnen mit Einbruch der Dunkelheit, es lohnt sich aber, schon früher da zu sein. Wechselnde Kleinkünstler wie Comedians, Musiker oder Poetry Slammer treten für etwa 15 Minuten gegen eine kleine Hutspende auf und läuten mit ihrer Kurzkunst-Aufführung einen wunderbaren Abend unterm Kölner Sternenhimmel ein.

FILME UNTER FREIEM HIMMEL

➤➤ Museum für Angewandte Kunst
tolle Location im historischen Innenhof des Museums
Filme aus aller Welt, auch fremdsprachige mit Unter-
titeln
Bei schlechtem Wetter werden die Filme drinnen gezeigt.
An der Rechtschule, 50667 Köln, www.rausgegangen.de

➤➤ Cinenova-Biergarten
gemütlicher Biergarten mit freier Platzwahl
Snacks und kalte Getränke erhältlich
Bei schlechtem Wetter läuft der Film im Kinosaal.
Herbrandstraße 11, 50825 Köln, www.cinenova.de

➤➤ Clubheim ESV Olympia Köln
Filme gucken direkt neben dem Tennisplatz
alternative Filmauswahl, meist Originalfassungen
Restaurant mit Terrasse
Lämmerstraße 11, 50739 Köln, www.clubheim-olympia.de

➤➤ Waldbad Dünnwald
außergewöhnliches Ambiente mitten im Wald
jährliche Open-Air-Kinoreihe über drei Tage
buntes Rahmenprogramm
Peter-Baum-Weg 22, 51069 Köln,
www.waldbad-camping.de

TIPP